A POLÍTICA CRIMINAL
NA ENCRUZILHADA

Conselho Editorial
André Luís Callegari
Carlos Alberto Molinaro
Daniel Francisco Mitidiero
Darci Guimarães Ribeiro
Draiton Gonzaga de Souza
Elaine Harzheim Macedo
Eugênio Facchini Neto
Giovani Agostini Saavedra
Ingo Wolfgang Sarlet
Jose Luis Bolzan de Morais
José Maria Rosa Tesheiner
Leandro Paulsen
Lenio Luiz Streck
Paulo Antônio Caliendo Velloso da Silveira

Dados Internacionais de Catalogação na Publicação (CIP)

D568p   Díez Ripollés, José Luis.
      A política criminal na encruzilhada / José Luis Díez Ripollés ; tradução de André Luís Callegari. – Porto Alegre : Livraria do Advogado Editora, 2015.
      134 p. ; 23 cm.
      ISBN 978-85-7348-995-8

      1. Política criminal. 2. Direito penal. 3. Intervenção (Direito penal). 4. Segurança (Direito penal). 5. Inclusão social. 6. Sociedade do risco. I. Callegari, André Luís. II. Título.

CDU 343.9

CDD 345

Índice para catálogo sistemático:
1. Política criminal   343.9

(Bibliotecária responsável: Sabrina Leal Araujo – CRB 10/1507)

José Luis Díez Ripollés

A POLÍTICA CRIMINAL NA ENCRUZILHADA

Tradução de
André Luís Callegari

Porto Alegre, 2015

© José Luis Díez Ripollés, 2015

Capa, projeto gráfico e diagramação
Livraria do Advogado Editora

Tradução
André Luís Callegari

Revisão
Rosane Marques Borba

Direitos desta edição reservados por
Livraria do Advogado Editora Ltda.
Rua Riachuelo, 1300
90010-273 Porto Alegre RS
Fone: 0800-51-7522
editora@livrariadoadvogado.com.br
www.doadvogado.com.br

Impresso no Brasil / Printed in Brazil

Apresentação

Apresentar o livro do colega e amigo Díez Ripollés é motivo de muita honra. Considero o professor Díez Ripollés um dos melhores autores sobre o tema de política criminal e utilizo há anos no mestrado e doutorado a sua obra que agora tive o prazer de traduzir.

Conheci pessoalmente o professor Ripollés quando o convidei para participar do aniversário dos 40 anos do curso de Direito da Unisinos, e ele gentilmente aceitou o convite. Naquela ocasião, eu já nutria uma admiração ímpar pelas lições do Catedrático da Universidad de Málaga. A admiração confirmou-se com as duas conferências realizadas, uma na universidade e outra em que dividimos a mesa como conferencistas no Tribunal Regional Federal da 4ª Região. Nessa ocasião, embora não tivéssemos acertado nada sobre os conteúdos do que trataríamos, a minha palestra praticamente seguiu os seus ensinamentos.

Como a vida acadêmica nos proporciona esses momentos de felicidade e convivência, tornei a encontrar o amigo Ripollés em Lima, Peru, onde novamente palestramos no mesmo congresso de Direito Penal.

No ano de 2014, quando realizava os meus estudos de pós-doutoramento em Madri, recebi o convite de Ripollés para palestrar no seminário de professores de Direito Penal da Universidade de Málaga, onde fui acolhido pelos colegas do departamento de Direito Penal e tive a oportunidade de debater arduamente os temas de lavagem de dinheiro.

A estada em Málaga foi tão proveitosa que Ripollés me propôs traduzir a sua obra sobre política criminal e esse desafio me deixou muito feliz, pois, como já havia mencionado, sigo utilizando esse livro em todas as minhas aulas de mestrado e doutorado e ainda o considero um dos mais atuais em matéria de política criminal atual.

Era preciso registrar esse breve histórico antes de entrar na apresentação da obra do querido amigo Ripollés, pois, por ele e sua família, tenho um carinho especial e cada vez que tenho a oportunidade de estar com ele aproveito para aprender o máximo as lições desse grande mestre. Além disso, tenho que registrar o tratamento de carinho e amizade dispensados à minha família em Málaga, pois só um homem dessa grandeza pode dimensionar a importância da família nos árduos momentos de estudo, e o Ripollés e a Teresa gentilmente nos cuidaram em Málaga.

A obra que agora apresento é uma daquelas que raramente aparece tão cedo e precisa de um bom período na história para que surja outra que condense tão bem os temas atuais de política criminal. O leitor verá que parece que o que está retratado no livro pode perfeitamente se adequar à nossa realidade, ou, a qualquer realidade contemporânea. Assim, essa não é uma obra de política criminal da Espanha, mas, uma obra de política criminal universal.

Os temas tratados aqui já nos fazem refletir sobre os conceitos equivocados sobre a sociedade do risco e a insegurança do cidadão, pois, como veremos, há uma difusão na sensação de insegurança propagada pela mídia que parece estar relacionada com a sociedade do risco, porém, o que se verifica é uma tentativa de aumentar a repressão e a utilização do Direito Penal.

Inicialmente, há uma introdução sobre os novos modelos de intervenção penal, onde o autor perpassa sobre os problemas enfrentados por todos os modelos dessa crise contemporânea de intervenção e, chama a atenção o destaque sobre o imobilismo do garantismo para responder às novas tendências do Direito Penal, fato esse que já nos faz refletir quais seriam as alternativas de resposta ao sistema.

Veremos que a utilização de um Direito Penal simbólico muitas vezes ganha carga de efetividade e acaba gerando a utilização de mais Direito Penal. Também há uma crítica sobre a criminalização dos poderosos, onde haveria uma busca de criminalizar os sujeitos pertencentes às classes sociais mais elevadas, aumentando-se a pena desses delitos, mas, na prática, o que ocorre é o aumento das penas dos delitos tradicionais, pois, como o autor demonstra, sempre há um bom assessoramento para a defesa dos delitos econômicos e, por outro lado, afirma-se que a sensação de insegurança decorre da criminalidade tradicional.

Como destaquei, o livro transcende a política criminal da Espanha e se encaixa perfeitamente à nossa realidade, principalmente quando o autor discorre sobre como os delinquentes são vistos e etiquetados pela sociedade, fato esse que nos faz lembrar os aumentos de penas quando temos algum delito grave praticado no Brasil.

Destaca-se, ainda, a dimensão dada pela mídia a comissão de determinados delitos, pois, como se sabe, essa difusão aumenta os anseios da população por mais Direito Penal.

Essa difusão desmedida do Direito Penal tem relação direta com a experiência cotidiana do povo, que, sem muita reflexão, apoia as novas medidas legislativas que tipificam novas condutas ou aumentam as penas das já existentes. De outro lado, com essa urgência em responder os anseios da população e certos de que a aprovação de leis penais mais severas implica diretamente popularidade eleitoral a classe política rapidamente as aprova, ainda que sem muita discussão técnica, ou seja, temos uma legislação sem qualquer debate por uma comissão de juristas, mas, que se justifica porque de forma rápida respondeu, ainda que falsamente, aos problemas de insegurança do povo.

De forma clara e precisa, a obra trata sobre o debate político-criminal da sociedade do risco. Aqui o leitor poderá ver com clareza as modificações operadas nos últimos anos, pois, como se sabe, houve um conjunto da realidade social que motivou esse debate. Assim, a generalização na sociedade moderna de novos riscos que podem afetar à coletividade, podendo ser qualificados de artificiais; as dificuldades de atribuição de responsabilidade por tais riscos a determinadas pessoas individuais ou coletivas e a difusão de um exagerado sentimento de insegurança, que necessariamente não guarda exclusiva correspondência com esses riscos, caracterizam esse novo conjunto de fatores que ativam demandas de intervenção estatal.

As características desse novo modelo de política criminal também merecem destaque na obra e, como veremos, refletem-se em nosso sistema penal. Assim, a criminalização de condutas no estágio prévio, antecipação da tutela penal, predomínio de estruturas típicas de perigo e modificação os sistemas de imputação e responsabilidade penal predominam são notas essências dessa nova política criminal. Diante disso, o autor discorre sobre as posturas doutrinárias dessa evolução e aborda as suas principais características.

Por fim, o debate da obra também se centra no polêmico tema da expansão securitária do Direito Penal. Nesse aspecto, a obra trata de esclarecer em que sentido se manifesta essa expansão e nos coloca diante de fenômenos que estamos vivenciando diariamente no Brasil. Nesse sentido, o autor expõe que um bloco de comportamentos agora se encaixa dentro da *delinquência organizada*, conceito que nada diz, porém, que abarca tudo. Um segundo bloco está identificado pelos delitos de natureza sexual e violenta, ou seja, destinada aos delitos tradicionais. Por fim, o terceiro bloco está destinado à criminalidade dos marginalizados e excluídos socialmente.

Como não poderia deixar de tratar do tema, o autor entra na contraposição entre indivíduo e cidadão no desenho dessa nova política criminal, fazendo uma abordagem das velocidades do direito penal até chegar ao Direito Penal do inimigo.

Novamente deixo registrado que se trata de uma obra que aborda os temas mais importante de política criminal e nos faz refletir sobre o que está acontecendo em termos dos novos rumos do Direito Penal. Em todas as aulas em que refletimos sobre as ideias de Ripollés, sentimos as mesmas angústias e dúvidas sobre a política criminal brasileira, se é que ela existe. Por tudo isso o livro é de leitura obrigatória para quem seriamente quer discutir política criminal.

Por fim, agradeço à Clara Masiero, Raul Marques Linhares e Daniela Scariot, colaboradores na revisão e tradução do livro, pois sem eles o trabalho não seria possível.

Porto Alegre, outono de 2015.

Prof. Dr. André Luís Callegari

Sumário

Introdução...11

Primeira Parte – Os novos modelos de intervenção penal.......................15

Capítulo I – A crise contemporânea dos modelos de intervenção penal............15

    1. O modelo penal garantista...15

    2. O modelo penal ressocializador..18

Capítulo II – O novo modelo penal da segurança cidadã..........................20

    1. Protagonismo da delinquência clássica...21

    2. Prevalência do sentimento coletivo de insegurança cidadã...............23

    3. Substantividade dos interesses das vítimas.......................................24

    4. Populismo e politização...26

    5. Revalorização do componente aflitivo da pena.................................28

    6. Redescobrimento da prisão..30

    7. Ausência de receio ante o poder sancionador estatal........................33

    8. Envolvimento da sociedade na luta contra a delinquência................35

    9. Transformação do pensamento criminológico...................................37

Capítulo III – Estratégias para um modelo penal de bem-estar.................40

    1. Os erros do garantismo..40

    2. O discurso da resistência..42

    3. O reconhecimento do terreno...45

    4. As explicações estruturais..47

    5. Os condicionamentos operativos e estratégicos................................49

    6. A alternativa do modelo penal de bem-estar....................................51

    7. As estratégias a serem seguidas...54

Segunda parte – A teorização do modelo penal da segurança cidadã.............57

Capítulo IV – O debate sobre a sociedade do risco...................................57

    1. Introdução..57

    2. O debate político criminal sobre o direito penal da sociedade do risco......59

Capítulo V – A vampirização do debate da sociedade do risco pelo modelo
penal da segurança cidadã...67

    1. Integração do fenômeno da insegurança cidadã ao fenômeno
pretensamente mais amplo da sociedade do risco............................68

    2. Transformação da expansão modernizadora do direito penal em uma
expansão securitária..71

3. A relação entre indivíduo e sociedade na gênese e abordagem da delinquência...76
4. A contraposição entre indivíduo e cidadão no desenho da política criminal...79
Capítulo VI – A recepção doutrinária do modelo penal da segurança cidadã......83
1. O direito penal do inimigo...84
2. O direito penal da terceira velocidade..85
3. A reconstrução do direito da periculosidade..................................88
4. Crítica às propostas anteriores...90
5. O prosseguimento acrítico da modernização.................................94

Terceira Parte – A dimensão inclusão/exclusão social como guia da política criminal comparada..99
Capítulo VII – A comparação das políticas criminais nacionais....................99
1. O debate sobre a confluência das políticas criminais nacionais................99
2. A politização das políticas criminais nacionais.............................101
3. Uma aproximação rigorosa às políticas criminais nacionais................103
Capítulo VIII – A inclusão social como objetivo político-criminal....................104
1. A moderação punitiva como objetivo..104
2. A inclusão social como objetivo..108
3. A inter-relação entre moderação punitiva e inclusão social................112
Capítulo IX – Uma proposta de análise tipológica...114
1. Modelo analítico proposto...114
2. Os indicadores...116
3. Os modelos político-criminais nacionais contrapostos........................119
Capítulo X – Objeções metodológicas...120
1. Os problemas da política criminal comparada...............................121
2. A seleção dos indicadores..128
3. Os modelos político-criminais antagônicos....................................131

Introdução

A obra que apresento agora ao leitor tem um título convencional. Temo, entretanto, que reflita com exatidão a atual realidade da política criminal em todo o mundo ocidental, pelo menos. O crepúsculo do século XX veio acompanhado de dois fenômenos simultâneos, mas provavelmente opostos.

Por um lado, a consolidação de um sistema de exigência de responsabilidade com altas cotas de precisão e segurança jurídica em um grande número de países pertencentes ao chamado "direito penal continental". Este sistema conseguiu acessar a maioria dos Códigos Penais e, em certos ordenamentos, incorporou-se, inclusive, à prática jurisdicional de um modo significativo.

Por outro, os princípios que servem de fundamento a esse sistema estão sendo submetidos a uma crítica feroz por diversas instâncias sociais, as quais não se sentem obrigadas a manter o delicado equilíbrio que o citado sistema procura entre as necessidades de proteção social e o respeito das garantias individuais dos cidadãos delinquentes, reais ou presumidos.

A contundência empregada em questionar esses princípios está originando uma situação de perplexidade entre muitos teóricos e operadores jurídicos, aos quais lhes custa compreender quais são os motivos profundos que colocam em perigo uma configuração de direito penal que, até pouco tempo, se acreditava que avançava em direção a uma, embora distante, cada vez mais próxima, razoabilidade na aplicação do controle social penal.

As reflexões contidas nesta monografia tentam explicar a situação à qual se chegou, e até desenhar estratégias para superá-la. Seu conteúdo foi sendo desenvolvido ao longo dos últimos dez anos, à medida que, transitoriamente, afastava minha mente de outro tema que me deixou e me deixará muito ocupado. Refiro-me a construir um modelo teórico e prático de elaboração racional da legislação penal que nos permita confrontar, com garantias de êxito, as flutuações às quais a política criminal contemporânea se vê submetida.[1]

A primeira parte do trabalho se aprofunda decididamente, e com poucos preâmbulos, na atual problemática político-criminal: a transformação das condições de vida, a evolução das ideias sociais, os temores, as demandas e exigências populares, as resistências de certos coletivos que serão objeto de intervenção penal, o mutável papel dos múltiplos agentes sociais e o aproveitamento pelas elites políticas de todo esse conjunto de circunstâncias. Através da análise de um número considerável de fatores, identificamos o modelo penal que está pugnando por estabelecer-se, valoramo-lo negativamente e esboçamos um modelo alternativo e as estratégias correspondentes.

Na segunda parte do estudo, outorgo o devido destaque à reflexão teórica que acompanha todo esse conjunto de transformações sociais. Mais precisamente, seguimos a pista das diferentes tentativas de legitimação teórica desse novo modelo de intervenção penal securitária. Convém deslindar, primeiro, os assuntos que artificiosamente foram confundidos com ele, como é o caso das análises feitas desde o paradigma da sociedade do risco, para logo nos ocuparmos de descrever e criticar suas diferentes e, com frequência, superpostas justificações teóricas. Uma adequada ênfase de suas insuficiências nos poupará muitos esforços na hora de fazer chegar ao conjunto da sociedade a proeminência de substituir o modelo penal securitário por um modelo penal de bem-estar.

Na terceira parte, que constitui uma contribuição nova frente à edição espanhola, assento os fundamentos do que será um modelo penal de bem-estar. Após uma análise crítica das tendências vigentes nos estudos sobre política criminal comparada, concluo que, contra a tendência dominante, o ponto de referência fundamental devem ser os efeitos socialmente inclusivos ou exclusivos que um determinado sistema penal nacional produz sobre os suspeitos, delinquentes e ex-delinquentes. Depois de mostrar a coerência dessa aproximação penal à sociedade de bem-estar, em detrimento das propostas neoliberais, proponho um conjunto de indicadores desses efeitos inclusivos ou exclusivos. Essa hipótese, que precisa ser operacionalizada e posteriormente verificada, é acompanhada de outra que sugere quais são os dois modelos nacionais mais contrapostos desde a dimensão penal inclusão/exclusão social. Esta parte do trabalho se encerra com minuciosas considerações metodológicas sobre a viabilidade de um

---

[1] Ver, a respeito, Díez Ripollés (2003, 2013, 2ª ed.).

José Luis Díez Ripollés

enfoque analítico que prometa avanços substantivos na construção do desejado modelo penal de bem-estar.

Não queria terminar esta breve apresentação sem agradecer ao meu colega André Callegari pela iniciativa de publicar este estudo no Brasil, assim como o esforço que fez para verter as minhas reflexões para o português. Isso me dá a oportunidade de chegar a um público amplo, que já foi tão amável em prestar atenção a outros trabalhos e monografias que escrevi. Ademais, esta nova colaboração é outro prazeroso exemplo da estreita relação científica e amizade pessoal que mantenho com um penalista brasileiro tão distinguido, cujas produções científicas e trato pessoal tanto me enriquecem.

Málaga, 4 de julho de 2014.

José Luis Díez Ripollés

Primeira Parte

Os novos modelos de intervenção penal

Capítulo I – A crise contemporânea dos modelos de intervenção penal

Na interpretação da recente evolução da política criminal espanhola, tão pródiga em reformas penais, processuais e penitenciárias, os penalistas, na universidade e na jurisdição, mostram certo desconcerto no momento de abordar sua análise crítica: como se os acontecimentos que estão sendo produzidos não fizessem parte do acervo de atuações sociais cuja possível aparição, à margem de sua plausibilidade, havia sido antecipada pelos juristas. Isto gera uma atitude generalizada de rejeição depreciativa para o que se qualifica sumariamente como uma política criminal oportunista.

Sem jogar em saco furado este último qualificativo, convém, entretanto, que nos perguntemos as razões dessa incapacidade que os especialistas da política criminal têm para analisar, com a necessária equanimidade, algumas decisões e atuações que, por mais imprevistas que sejam, não se pode negar que gozem de um generalizado respaldo popular e de um impulso político de amplo espectro ideológico. Creio que a explicação de semelhante perplexidade se deve, em boa medida, ao fato de os penalistas estarem analisando as transformações jurídico-penais em curso a partir de um modelo analítico equivocado ou, melhor dizendo, em fase de superação. Refiro-me ao modelo penal garantista.

1. O modelo penal garantista

De fato, conhecido com diferentes denominações ao longo do passado século XX, este modelo se caracteriza em todo momento por desenvolver uma estrutura de intervenção penal autolimitada, até o ponto de chamar-se a si próprio de "direito penal mínimo", girando em torno de alguns poucos princípios que, correndo o risco de simplificar demasiadamente, poderíamos enumerar como segue:

a. A atribuição de uma eficácia limitada aos seus genuínos instrumentos de intervenção, à norma e à sanção penal. Estes somente produziriam efeitos sociais perceptíveis na medida em que se enquadrem em um contexto mais amplo, o de controle social em geral. Somente se o sistema de controle penal coincidir em seus objetivos com os pretendidos pelo resto dos subsistemas de controle social – família, escola, vinculações comunitárias, ambiente de trabalho, relações sociais, opinião pública... –, e interagir reciprocamente com eles, existiriam garantias de que a intervenção penal pudesse condicionar os comportamentos sociais. Por isso que se considerava seu possível uso como aríete[2] promotor de transformações nos valores sociais vigentes.

b. Deliberada redução de seu âmbito de atuação à tutela dos pressupostos mais essenciais para a convivência. Frente às tendências expansivas de outros setores do ordenamento jurídico, singularmente do direito administrativo, o direito penal garantista considera uma virtude, além de um sinal inequívoco de uma sociedade bem integrada, que sua área de intervenção seja a mínima imprescindível. Nessa atitude, tem reproduzido, usualmente, um papel importante para a constatação da natureza especialmente aflitiva das sanções que lhe são próprias, que estima superior a qualquer outro meio de intervenção social, o que justificaria um emprego muito comedido das mesmas.[3]

Torna-se lugar comum que o direito penal somente deve atuar frente às infrações mais graves aos bens mais importantes, e isso apenas quando não existam outros meios sociais mais eficazes. Isso resulta no esquecimento de todo tipo de pretensões encaminhadas a salvaguardar, por intermédio do direito penal, determinadas opções morais ou ideológicas em detrimento de outras.

c. Profunda desconfiança em relação a um equilibrado exercício do poder sancionador por parte dos poderes públicos. O direito penal deste modelo segue declarando-se orgulhosamente herdeiro do liberalismo político e, em consequência, estima como uma de suas principais tarefas a de defender o cidadão, delinquente ou não, dos possíveis abusos e arbitrariedades do Estado punitivo. Por isso, coloca a proteção do delinquente, ou do cidadão potencial ou presumivelmente delinquente, no mesmo plano de tutela destes pressupostos

---

[2] Nota do tradutor: antiga máquina militar usada para atingir, destruindo, muralhas e grandes portões.

[3] Sobre o pano de fundo incorreto desse raciocínio, ver Díez Ripollés (2003): 74, 141-143.

essenciais para a convivência que se acabou de mencionar. Isto explicará as estritas exigências que devem ser satisfeitas pelos poderes públicos ao estabelecerem os comportamentos delitivos e as penas para eles previstas, no momento de verificar a ocorrência de alguns e a procedência de outras no caso concreto e no momento da execução das sanções. O temor de um uso indevido do poder punitivo conferido ao Estado, que pudesse terminar afetando todos os cidadãos, permeia todo o quadro conceitual de direito penal garantista, desde os critérios que identificam os conteúdos a serem protegidos, até aqueles que selecionam as sanções a serem impostas, passando pelos que se ocupam de estruturar um sistema de exigência de responsabilidade socialmente convincente.

d. Existência de limites transcendentes no emprego de sanções penais. Assim, os efeitos sociopessoais pretendidos com a cominação, imposição e execução das penas, por mais necessários que pareçam, em nenhuma circunstância devem superar certos limites. Um deles é o da humanidade das sanções, que vem a expressar que determinadas sanções, ou determinadas formas de execução de sanções, são incompatíveis com a dignidade da pessoa humana, motivo pelo qual não podem ser impostas, qualquer que seja a entidade lesiva do comportamento ou a intensidade da responsabilidade pessoal. Outro dos limites que não devem ser superados é o da proporcionalidade, em virtude da qual a pena deve ajustar-se em sua gravidade à do comportamento delitivo ao qual se conecta, devendo manter uma correspondência substancial com ele. Finalmente, a pena deve fomentar ou, ao menos, não barrar o caminho à reintegração social do delinquente, ideia esta que se configura como um direito de todo cidadão e se nutre tanto de uma visão inclusiva da ordem social, como do reconhecimento da quota de responsabilidade da sociedade na aparição do comportamento delitivo.

Pois bem, a tese que gostaria de expor a seguir é a de que este modelo já não nos dá as chaves para interpretar as recentes mudanças político-criminais, pela sensível razão de que essas obedecem a uma nova forma de configurar e modelar o controle social penal. Por essa razão, as críticas feitas, desde o garantismo até recentes decisões legislativas penais, perdem-se no vazio da incompreensão social. Não são, além do mais, objeto de uma réplica cumprida por seus promotores, porque o novo modelo está carente, ainda, de uma suficiente estruturação conceitual e principiológica, que terminará chegando, mais cedo ou mais tarde, e, com ela, o modelo antagonista ao do direito penal garantista.[4]

---

[4] Ver o conteúdo do Capítulo V.

2. O modelo penal ressocializador

O novo modelo que está sendo assentado iniciou seu surgimento em alguns sistemas jurídicos antes do que em outros, e isso tem muito a ver o modelo penal de intervenção do qual o modelo em elaboração vai se desvinculando.

De fato, durante os anos 60 e 70 do século XX, certos ordenamentos jurídicos tomaram uma decidida orientação a favor do que se chamou de modelo ressocializador. Este modelo foi implantado contundentemente em certos países anglo-saxões, de modo especial nos Estados Unidos e na Grã-Bretanha, assim como nos países escandinavos, entre outros lugares. Seu estímulo vinha da "ideologia do tratamento", que considerava que a legitimação do direito penal nascia da sua capacidade de ressocializar o delinquente, e que todo o instrumental penal deveria ser reconduzido para essa finalidade.

Tratava-se de uma ideia que já possuía longa tradição, desde os correcionalistas espanhóis ou positivistas italianos da segunda metade do século XIX, passando pelas chamadas escolas intermediárias italiana e alemã dos anos 20 e 30, e às teorias de defesa social que floresceram na Itália e na França nos anos 40 e 50, todas do último século. Porém, o realmente inovador foi que o conjunto de países citados pretendeu, durante mais de duas décadas, configurar seu modelo de intervenção penal de acordo com essa ideia de ressocialização do delinquente. Isso implicava uma série de decisões significativas, entre as quais podem ser destacadas as seguintes:

a. A pauta de atuação é, de fato, a busca da reintegração do delinquente à sociedade, objetivo ao qual devem se acomodar os demais. Isso significa que os outros efeitos sociopessoais pretendidos tradicionalmente pela pena fiquem em segundo plano ou sofram um descrédito sem paliativos. Este era, sem dúvida, o caso daqueles dirigidos para o conjunto da população, a saber, os encaminhados a alcançar uma prevenção geral dos delitos mediante o aproveitamento dos efeitos intimidatórios, corretor de socializações defeituosas, ou reforçador da adesão aos valores sociais, suscitados nos cidadãos que percebem a reação social negativa que o delinquente sofre depois de cometer um delito. Porém, também restaram alguns obscurecidos efeitos dirigidos de modo direto a prevenir que o delinquente em concreto voltasse a cometer um delito, como é o caso da intimidação em face de seu comportamento futuro, que ele recebe mediante a imposição da pena, ou sua inocuização para causar danos à sociedade enquanto dure sua permanência na prisão.

b. A obtenção desse objetivo ressocializador exigia desconsiderar certas cautelas próprias do direito penal clássico. Assim, abrandam-se as referências ao fato concreto realizado no momento da determinação da responsabilidade do delinquente, prestando-se especial atenção em seus condicionamentos pessoais e sociais no momento de cometer um delito. Promovem-se as penas indeterminadas, cuja duração e conteúdo são diretamente condicionados pela evolução registrada no processo de reintegração do delinquente à sociedade.

c. A pena de prisão é objeto de uma valoração ambivalente. Por um lado, considera-se que proporciona um marco espacial e regimental que facilita as aproximações reeducadoras aos delinquentes – por isso se fomenta seu uso desamparado –, na medida do possível, dos componentes aflitivos e com características diversas segundo as necessidades de tratamento a que deva atender. Por outro, percebe-se que se torna difícil evitar as consequências negativas inerentes a todo internamento e são impulsionadas, sobretudo na segunda metade do período de vigência do modelo ressocializador, penas alternativas à de prisão, com capacidades para conseguir o mesmo objetivo ressocializador, mas com o delinquente levando uma vida total ou parcialmente em liberdade.

d. A abordagem da delinquência se consolida como uma tarefa de especialistas. Sem dúvida, compete aos profissionais da polícia e da jurisdição, mas, sobremaneira, a um conjunto de profissionais das ciências do comportamento que, na busca pelas vias mais eficazes para obter a reintegração social do delinquente, contribuem massivamente com seus conhecimentos no momento da determinação da pena e, singularmente, durante sua execução. Os políticos interferem pouco no que consideram um trabalho técnico, e os cidadãos em geral não mostram demasiado interesse, salvo acontecimentos ocasionais, sobre o que é feito com os delinquentes.

No entanto, este modelo ressocializador sofre um generalizado e rápido colapso desde meados dos anos 70 do século XX, nos países que mais haviam se envolvido com ele.[5] Uma breve exposição das razões que levaram a tal desmoronamento poderia ser a seguinte:

a. Expande-se o desânimo entre boa parte de seus defensores a respeito da eficácia das técnicas de tratamento. Estende-se a ideia de que foi estruturado um sistema inteiro que, em último caso, oferece escassos frutos.

---

[5] Um documento europeu especialmente ilustrativo em seu momento foi o elaborado, em meados dos anos 70, pelo Conselho Nacional Sueco de Prevenção ao Crime (1979).

b. Estabelece-se a impressão de que a ênfase na ressocialização do delinquente constituía objetivamente uma cortina de fumaça que ocultava as responsabilidades da sociedade em seu conjunto, dos setores sociais mais favorecidos dela e dos próprios órgãos de controle no surgimento da delinquência ou, inclusive, na definição do que poderia considerar-se como tal. Os movimentos próprios da criminologia crítica atribuem um importante papel a esse respeito, a partir de fora e de dentro do modelo ressocializador.

c. Ressuscitam-se os argumentos próprios do modelo garantista que questionam a legitimidade de serem realizadas ingerências tão intensas sobre os direitos e sobre a personalidade do indivíduo delinquente. Cobra-se, por um lado, o restabelecimento das garantias individuais vinculadas à necessidade de que a responsabilidade derive exclusivamente do fato concreto realizado, com penas de duração determinada, e à redução do arbítrio judicial e penitenciário. Questionam-se, por outro lado, as pretensões ressocializadoras à medida que, com frequência, não se limitam a assegurar o futuro acatamento externo da norma por parte do delinquente, mas aspiram a modificar profundamente a personalidade do mesmo.

d. Outros efeitos sociopessoais da pena, como a intimidação ao conjunto social, ou a intimidação ou inocuização do delinquente, recuperam prestígio. A eficácia do primeiro exige catálogos de penas que sejam proporcionais à gravidade da conduta realizada, à margem das características do delinquente. O desenvolvimento do segundo supõe esquecer a exigência de proporcionalidade quando estamos diante de delinquentes reincidentes, cujo confronto exige longas condenações de prisão, em boa medida alheias à evolução do interno.

Capítulo II – O novo modelo penal da segurança cidadã

Um autor britânico, Garland, tem destacado que todas essas modificações nos modelos de intervenção penal em uso se limitam a refletir uma alteração mais profunda das crenças e formas de vida da sociedade moderna, a qual estaria transformando a política criminal. Assim, colocando-se em um nível de análise superior, Garland tem tentado identificar um conjunto de recursos que responderiam a essas modificações nas atitudes sociais e que constituiriam, ao mesmo tempo, um bom compêndio do novo modelo de intervenção penal em curso.[6] Essas características foram formuladas a partir das experiên-

---

[6] Ver Garland (2001): 6-20 e passim.

cias recentes estadunidense e britânica, isto é, em relação aos sistemas jurídicos que respondiam, até pouco tempo, ao modelo penal ressocializador. No entanto, considero que desenrolam um bom fio condutor das modificações que, com mais atraso, estão sendo produzidas nos sistemas jurídicos até agora mais vinculados ao modelo penal garantista, como é o caso da maior parte dos ordenamentos europeus e ibero-americanos. Se assim fosse, não somente teríamos encontrado o instrumento analítico que buscávamos no capítulo anterior, mas também já teríamos identificado as origens do novo modelo de intervenção penal e assentado, portanto, as bases de sua crítica.

Inspirado, em grande parte, na citada análise de Garland, exponho, a seguir, aquelas que considero ideias motoras do novo modelo de intervenção penal que está sendo configurado, utilizando como ordenamento jurídico de referência o espanhol.

1. Protagonismo da delinquência clássica

A delinquência clássica, isto é, a que gira em torno dos delitos contra interesses individuais, especialmente da vida e integridade, propriedade e liberdade em suas diversas facetas, que durante dois séculos tem constituído o grosso dos assuntos abordados na jurisdição penal, tem superado o risco de perda de protagonismo que em algum momento se pensou que iria sofrer. De fato, durante as últimas décadas da segunda metade do século XX, parecia estar estabelecendo-se a ideia de que o direito penal deveria estender seu âmbito de aplicação à criminalidade própria dos poderosos e, certamente, ocorreriam, no âmbito legislativo, avanços muito significativos nesse sentido, dentre os quais é exemplo singular o renovado catálogo de delitos introduzido pelo código penal espanhol de 1995. Também têm sido registrados esforços por parte de determinados setores judiciais para se levar a sério as antigas e novas previsões legais que penalizam comportamentos delitivos habitualmente levados a cabo por setores socialmente privilegiados.[7]

No entanto, somente alguns anos mais tarde predomina, na opinião pública, uma atitude resignada frente aos obstáculos nos quais tem tropeçado o intento de assegurar o funcionamento sem exceções do novo catálogo de delitos do Código Penal. As causas de tal pessimismo são diversas: por um lado, tem-se a impressão de que os pode-

---

[7] Não acredito que a estendida persecução dos delitos relacionados com drogas deva ser incluída entre a criminalidade dos poderosos, devido ao ambiente socialmente marginal em que se move e sem prejuízo dos importantes benefícios que certos setores de tal delinquência obtêm.

rosos, mediante assessoramentos técnicos apenas acessíveis a pessoas com seu nível econômico ou respaldo político, foram capazes de explorar, até limites abusivos, as garantias do direito penal e processual penal, conseguindo, assim, esquivar-se, em grande parte, da persecução penal, da condenação e do cumprimento das sanções. Em segundo lugar, tem sido generalizada a percepção social de que, em todas essas intervenções penais, resulta difícil evitar o aproveitamento sectário do assunto por parte dos agentes políticos; o fenômeno da judicialização da política acaba deixando em segundo plano a verificação da realidade e a valoração da gravidade das condutas processadas, sepultadas por acusações recíprocas de condutas semelhantes.

Um fator adicional, longe de ser desprezível, tem sido a atitude contemporizadora da doutrina penal com os obstáculos surgidos na persecução deste tipo de delinquência: o que começou sendo uma preocupação pelas dificuldades conceituais encontradas no momento de encaixar as novas formas de delinquência próprias dos poderosos nos modelos de descrição legal e de persecução do direito penal tradicional, tem dado lugar a propostas que conduzem a uma diminuição significativa na intensidade de persecução dessa criminalidade. É sintomático que a discussão teórica sobre a indevida "expansão do direito penal" não verse, como poderia imaginar um leigo, sobre as contínuas reformas legais encaminhadas a endurecer o arsenal punitivo disponível contra a delinquência clássica, mas que, muito pelo contrário, tenha como primordial objeto de reflexão a conveniência de assegurar à nova criminalidade uma reação penal notavelmente suavizada em seus componentes aflitivos. Pretende-se legitimar isto mediante a contrapartida de um incremento da efetividade do direito penal nesse âmbito, a ser alcançado mediante uma diminuição das garantias penais, nunca eficientemente concretizada, tampouco justificada e muito menos acreditável.[8]

---

[8] Na discussão espanhola e, provavelmente, na europeia em geral, Silva Sánchez (2001) tem formulado a proposta mais delineada. Nesta segunda edição da obra, em contraste com o que sucedia na primeira de 1999, o autor tem começado a se dar conta de que o fenômeno da expansão da criminalização que padecemos já não gira em torno das novas formas de delinquência socioeconômica – por utilizar um termo simplificador –, mas ao redor da delinquência clássica, a partir das demandas de "lei e ordem". No entanto, a inércia da análise já desenvolvida na primeira edição o colocou em maus lençóis. É conduzido a tentar explicar dois fenômenos reais mas que, no entanto, movem-se, em boa parte, em direções opostas, como se respondessem às mesmas causas e às mesmas exigências ideológicas. Refiro-me, por um lado, à chamada "modernização" do direito penal, orientada substancialmente contra a criminalidade dos *poderosos* e, por outro, às demandas de "segurança cidadã", dirigidas majoritariamente contra a delinquência de rua e clássica e, portanto, contra os setores sociais mais desfavorecidos e os *marginalizados*. E a falta de nitidez dessa análise se acentua, além do mais, quando se percebe que, para Silva, o que marca a pauta da expansão do direito penal são precisamente as exigências de "modernização" e não as de "segurança cidadã". Em resumo, acredito que a análise de Silva sofre de um defeito original:

Diante da confusão que os problemas elencados parecem criar sobre a criminalidade dos poderosos,[9] a delinquência clássica está mais presente do que nunca no imaginário coletivo.

2. Prevalência do sentimento coletivo de insegurança cidadã

A consolidação da delinquência clássica encontra apoio inestimável na generalização do sentimento coletivo de insegurança cidadã: como consequência de uma diversidade de fatores, alguns dos quais serão aludidos mais adiante,[10] têm sido incrementados, há alguns anos, na população, tanto a preocupação em geral sobre a delinquência, como o medo de ser vítima de um delito.[11] Tais atitudes ocorrem, além disso, em um contexto peculiar, com dois recursos especialmente significativos:

Por um lado, a extensa sensação na sociedade de que as coisas estão cada vez piores em assuntos de prevenção da delinquência, sen-

---

concebe a expansão do direito penal como um movimento contra os poderosos, sendo assim que, desafortunadamente, a nova política criminal tem como preferido objeto de atenção, tanto quantitativa quanto qualitativamente, as classes sociais mais desfavorecidas e a delinquência clássica. Sobre tudo isso, dedicar-nos-emos detalhadamente no capítulo V.

[9] Que tal desfoque dos perfis deste tipo de delinquência começa a ter consequências práticas é algo evidente se são analisadas certas medidas *alegadamente* encaminhadas a melhorar a efetividade de sua persecução, como é o caso da recentemente introduzida obrigação do Ministério Público de colocar em conhecimento dos suspeitos o conteúdo das diligências de investigação a eles referidas, ou a limitação da duração de tais diligências a seis meses, salvo prorrogação acordada pelo procurador geral de justiça – reforma do Estatuto Orgânico do Ministério Público pela LO. 14/2003–, ou a significativa elevação em termos absolutos das quantias monetárias mínimas para que concorram delitos socioeconômicos como o abuso de informação privilegiada na Bolsa ou os contrários à Fazenda Pública ou à Seguridade Social – reforma dos arts. 285, 305, 307, 308 e 310 do código penal em virtude da LO. 15/2003–. Contudo, deve-se saudar os efeitos positivos que, para uma séria persecução da delinquência socioeconômica, deverão ter as previsões contidas na LO. 7/2003, relativas à necessária satisfação da responsabilidade civil derivada do delito para acessar a liberdade condicional ou o terceiro grau de execução da pena de prisão – arts. 90.1 p.2 Código Penal, 72.5 e 6 da Lei Geral Penitenciária, entre outros preceitos.

[10] Entre os quais não pode ser o mais importante o efetivo incremento da taxa de criminalidade na Espanha que, apesar do aumento, já moderado, dos últimos anos, segue estando abaixo dos países de nosso entorno. Ver Díez Ripollés (2007): 3-28.

[11] Se a delinquência e a insegurança cidadã eram mencionadas em meados de 2001 como um dos três problemas principais da Espanha por 9% dos espanhóis, o que os colocava em quinto ou sexto lugar na lista de preocupações da comunidade, durante a maior parte do ano de 2003 se referiam a elas porcentagens iguais ou superiores a 20%, tendo sido consolidada como a terceira preocupação mais importante. De modo equivalente, em meados de 2001, o medo de sofrer um delito era um dos três problemas pessoais mais importantes mencionados por aproximadamente 9% dos entrevistados, ocupando o quarto ou quinto lugar no catálogo de problemas pessoais dos espanhóis, enquanto que, em 2003, entre 15% e 20% dos entrevistados consideravam um dos três primeiros problemas pessoais, ocupando o segundo e terceiro posto na lista de problemas pessoais. Ver Centro de Investigações Sociológicas (CIS). Um estudo recente sobre as características do medo do delito na Espanha se encontra em Medina Ariza. (2003): 6-12, 16-18.

sação que se projeta em uma escassa confiança na capacidade dos poderes públicos para afrontar o problema. Por outro, tem desaparecido a atitude de compreensão em relação à criminalidade tradicional, em especial em relação à pequena delinquência, atitude muito difundida nos anos 70 e 80 e que se fundava em uma compreensão do delinquentes como um ser socialmente desfavorecido e marginalizado a quem a sociedade estava obrigada a prestar ajuda; agora, os delinquente são vistos, sem que se procedam a distinções segundo a gravidade ou frequência de seu comportamento delitivo, como seres que perseguem, sem escrúpulos e em pleno uso de seu livre arbítrio, interesses egoístas e imorais, em detrimento dos legítimos interesses dos demais. Têm sido apresentadas como tendência qualificações como as de "predador sexual", "criminoso incorrigível", "assassino em série", "jovens desalmados", que refletem acertadamente o novo *status* social, desumanizado, do delinquente.

Além do mais, essa preocupação, ou esse medo, pelo delito já não se concentra nos âmbitos sociais mais conscientes ou temerosos da delinquência, mas se estende a setores sociais antes relativamente distantes de tais sentimentos. A preponderância dos espaços dedicados à crônica criminal nos mais diversos meios de comunicação, nos quais já não é estranho que ocupem as principais manchetes, têm a ver, sem dúvida, conquanto não exclusivamente, com o eco que tais informações suscitam em camadas amplas da população.[12]

Isto tem permitido que o medo ou a preocupação pelo delito se estabeleçam na agenda social entre os assuntos mais relevantes e, o que é ainda mais significativo, que a persistência e o afinco de tais atitudes tenham se tornado um problema social em si mesmo. De fato, é fácil notar que um bom número de programas de intervenção penal são desenhados não tanto para reduzir efetivamente o delito, quanto para diminuir as generalizadas inquietudes sociais sobre a delinquência.[13]

3. Substantividade dos interesses das vítimas

Durante muito tempo, os interesses das vítimas têm sido subsumidos nos interesses públicos. Sua tutela se obteria na medida em

---

[12] Sobre a controvertida discussão a respeito do que seja causa e do que seja efeito na relação entre interesse social pela delinquência e atenção a ela pela mídia, ver referências em Díez Ripollés (2003): 25-27.

[13] Esta pretensão tem sido um dos nichos mais frutíferos da legislação simbólica, aquela que utiliza o direito penal para fins alheios àqueles que fundamentam o uso do direito penal. Ver Díez Ripollés (2003a): 80 e ss.

que a incidência do delito sobre determinados cidadãos supusesse um prejuízo aos interesses da sociedade em seu conjunto. De fato, este requisito segue fundamentado na caracterização do direito penal como um setor do direito público, diferenciado do direito privado. Tem sido sustentado, inclusive, o princípio da neutralização da vítima, com o qual se quer expressar que as vítimas devem ter uma capacidade de intervenção na reação penal suficientemente limitada, de forma a não condicionar os interesses públicos que estão sendo substancialmente examinados nela. De qualquer forma, parecia evidente que um correto entendimento da utilidade pública impedia contrapor grosseiramente os interesses das vítimas com os interesses dos delinquentes por um juízo justo e por uma execução penal atenta a suas necessidades de reintegração social. Nem sequer o recente desenvolvimento da vitimologia, com seu realce de medidas penais reativas atentas a satisfazer os interesses da vítima, questionou a devida consideração dos interesses do delinquente condenado.

No entanto, a plausível atenção aos interesses das vítimas tem adquirido, nos últimos tempos, algumas inclinações inovadoras: antes de tudo, são as demandas das vítimas reais ou potenciais, quando não de vítimas arquetípicas sem existência real nem possível, as que guiam o debate político-criminal, rumando a reflexões mais complexas, atentas ao conjunto de necessidades coletivas. Em segundo lugar, o protagonismo dos interesses e sentimentos das vítimas não admite interferências, de maneira que a relação entre delinquente e vítima acabe entrando em um jogo de soma zero: qualquer ambição por parte do delinquente, por exemplo, em garantias processuais ou em benefícios penitenciários, supõe uma perda para a vítima, que o vê como um agravo ou uma forma de evitar as consequências da condenação; e, em menor medida, o mesmo vale para o inverso, todo avanço na melhora da atenção às vítimas do delito é bom que se repercuta em uma deterioração das condições existenciais do delinquente. Assim, finalmente, o que se tem produzido é uma inversão de papéis: agora, é a vítima que subsome, dentro de seus próprios interesses, os interesses da sociedade, são seus sentimentos, suas experiências traumáticas, suas exigências particulares os que assumem a representação dos interesses públicos; esses devem ser personalizados, individualizados em demandas concretas de vítimas, grupos de vítimas, afetados ou simpatizantes. O princípio da neutralização tem modificado seu curso: atribui-se às vítimas a tarefa de assegurar que argumentações complexas e matizadas dos poderes públicos, que pretendam abranger interesses sociais contrapostos, sejam mantidas suficientemente distanciadas, para que não interfiram na adequada satisfação dos interesses daqueles diretamente afetados pelo delito.[14]

4. Populismo e politização

Os agentes sociais que são determinantes na adoção e no conteúdo das decisões legislativas penais têm sofrido modificações de grande importância.

Antes de tudo, os conhecimentos e as opiniões dos especialistas são desacreditados. Isso se refere, sem dúvida, às contribuições procedentes de uma reflexão teórica que, paradoxalmente, tem conseguido, no âmbito da interpretação e sistematização da lei penal, níveis de precisão e rigor conceituais não alcançados por outros setores do ordenamento jurídico; suas considerações têm deixado de ser já não apenas compreensíveis, mas dignas de compreensão para influentes setores sociais. Porém, a reputação dos especialistas inseridos na prática judicial ou da execução das penas também se encontra prejudicada; os juízes são vistos como um coletivo pouco confiável, que adota, com frequência, decisões distantes do senso comum e aos funcionários da execução penal parece somente preocupar o bem-estar dos delinquentes. Somente a perícia policial, em sua dupla faceta preventiva de delitos e perseguidora dos já cometidos, segue sendo considerada imprescindível; neste caso, suas eventuais insuficiências não levam a questionar a utilidade de seus conhecimentos, mas a propor seu aperfeiçoamento e sua melhora.[15]

---

[14] Um exemplo bem ilustrativo de até onde se pode chegar por este caminho se constitui nas duas práticas que têm sido estabelecidas nos EUA em relação à aplicação da pena de morte. Pela primeira delas, com o propósito de decidir se em um caso de assassinato se deve impor a pena de morte ou basta uma pena privativa de liberdade, a acusação pode fundamentar seu requerimento de pena capital, à margem da gravidade do delito cometido, nos graves sofrimentos que a perda do ente querido tiver causado entre seus parentes e amigos, o que materializa mediante a apresentação de uma "declaração de impacto sobre as vítimas", em que se recolhem os testemunhos e as alegações pertinentes. Pela segunda, certos Estados justificam a autorização para que os familiares e amigos da vítima presenciem a execução do delinquente no ambíguo conceito psicológico de "ponto final" (*closure*), que expressa que os prejudicados pelo assassinato recuperam a tranquilidade anímica perdida desde que se produziu o acontecimento e prolongada durante todo o processo judicial, cobertura midiática, etc., uma vez que presenciam diretamente a morte do responsável por todas essas perturbações. Ver, sobre essas duas manifestações, Zimring (2003): 51-64.

[15] Segundo uma enquete do Instituto Opina para o jornal El País, realizada no final de 2003, as cinco instituições melhor avaliadas pelos espanhóis são, nesta ordem, a guarda civil, a monarquia, a polícia nacional, as comunidades autônomas e a polícia municipal. O sistema judiciário aparece em último lugar entre as instituições listadas na pergunta, no posto de número 14. Ver o jornal El País 6-12-03.

Em contrapartida, a experiência cotidiana do povo, sua percepção imediata da realidade e dos conflitos sociais têm passado a ser um fator de primeira importância no momento de configurar as leis penais, e pugna por sê-lo, também, na aplicação legal. O inovador, no entanto, não é que tais experiências e percepções condicionem a criação e aplicação do direito, algo legítimo em toda sociedade democrática, mas que as demandas sejam atendidas sem intermediários, sem a interposição de núcleos de especialistas para refletirem e avaliarem as complexas consequências que toda decisão penal implica. Os portadores desses novos conhecimentos são a opinião pública criada pelos meios populares de comunicação social, as vítimas ou grupos de vítimas e, em última análise, a população comum.

Para que estes últimos agentes sociais possam estabelecer sua relevância, é preciso que os agentes institucionais diretamente vinculados com a criação do direito outorguem às demandas populares um acesso privilegiado, mediante o qual possam evitar os habituais controles burocráticos que em toda democracia velam pelo fundamento das iniciativas legislativas. São aplicadas nos últimos tempos a esta tarefa, com extremo cuidado, forças políticas de todo o espectro ideológico. As vias para seu êxito transitam, de forma singular, ainda que não exclusiva, pela aceleração do *tempo* legiferante e a irrelevância, quando não eliminação, do debate parlamentar e inclusive do governamental; trata-se de que os políticos possam justificar a omissão daquelas fases procedimentais nas quais o protagonismo é de profissionais especialistas, em virtude da urgência ou do caráter indiscutível das decisões a serem tomadas, que se revistam de tal urgência e irrecorribilidade do conceito de alarde social, de urgência do problema, de consenso social, ou de qualquer outro recurso retórico. Isto permite às forças políticas estabelecer uma relação imediata entre as demandas populares e a configuração do direito penal, e colher, por meio disto, os importantes resultados políticos que esta pretendida democracia direta[16] fornece.

Esta dinâmica populista e politizada tem uma série de traços, entre os quais talvez convenha destacar dois deles neste momento.

---

[16] "Democracia direta" que abusa das tramitações urgentes, que busca premeditadamente introduzir importantes reformas ao código penal nos últimos trâmites parlamentares – leia-se Senado –, ou que utiliza leis, penais ou não, com objetivos muitos precisos para aprovar sem permissão reformas penais cuja discussão parlamentar se deseja evitar. Ver as importantes reformas da lei de responsabilidade penal dos menores que foram incluídas nas leis orgânicas 9/2002, de reformas dos códigos penais e civil em matéria de rapto de menores e 15/2003, de modificação do código penal; ou as irregularidades procedimentais legislativas que têm acompanhado a incorporação ao código penal dos arts. 506bis, 521bis e 576bis, relativos à convocação de referendo ilegal e de angariação de fundos para associações e partidos políticos ilegais, entre outras suposições. Ver, também, González Cussac (2003). 19-21, 32.

A POLÍTICA CRIMINAL NA ENCRUZILHADA

O primeiro destacaria que o descrédito dos especialistas tem passado das palavras aos fatos: o inicial distanciamento ou incompreensão em relação a suas propostas ou modo de proceder tem sido sucedido por uma ativa política encaminhada a privar-lhes da margem de discricionariedade que, devido à sua perícia, gozavam em seu correspondente âmbito de decisão. Exemplos a esse respeito sobram nesses momentos, especialmente no campo da determinação da pena e de sua execução: é o caso da redução do arbítrio judicial no momento de substituir a pena ou medida de segurança, ou o resto da pena por cumprir, impostas a um estrangeiro residente ilegal por sua expulsão do território nacional, ou as restrições na aplicação do terceiro grau, a liberdade condicional, as autorizações de saída ou os benefícios penitenciários, introduzidas, respectivamente, nas LLOO. 11/2003 e 7/2003.[17]

O segundo fator se enuncia com facilidade: o manejo excludente pelo povo e pelos políticos do debate político-criminal tem conduzido a um destacado empobrecimento de seus conteúdos. Diante da maior pluralidade de pontos de vista que se poderia esperar da direta implicação desses novos agentes sociais na discussão sobre as causas e remédios da delinquência, o que sobreveio foi um debate uniforme e sem refinamento, no qual se desqualificam quaisquer posturas que contenham certa complexidade argumentativa ou distanciamento em relação à atualidade mais imediata. O afã por satisfazer, antes e mais do que o outro, as mais superficiais demandas populares, conduziu os partidos majoritários e seus aliados a uma imprudente corrida por demonstrar que são mais duros diante do crime e a uma surpreendente proximidade de propostas político-criminais, que, para alguns deles, supõe a perda de sua identidade ideológica.[18]

5. Revalorização do componente aflitivo da pena

A preponderância obtida pelos interesses das vítimas e o populismo têm dado respeitabilidade social a certos sentimentos cuja demanda de satisfação, em outros tempos, era compreendida, mas não atendida; refiro-me aos sentimentos de vingança, tanto das vítimas e seus familiares como da população em geral.

---

[17] Sobre a progressiva perda de poder da discricionariedade judicial e penitenciária que está sendo produzida, ver, também, Maqueda Abreu (2003): 9.

[18] Ver referências, igualmente, em Cancio Meliá (2003): 70-75.

A este fator têm sido acrescidos outros dois que terminaram de reforçar uma transformação significativa do conjunto de objetivos que a pena deve satisfazer.

Assim, a ressocialização do delinquente, apesar de seu suporte constitucional, tem deixado de ter os apoios sociais suficientes para se constituir em um objetivo destacado da execução penal. Certamente, seu questionamento se iniciou entre os especialistas, como mais acima assinalamos,[19]e teve uma notável influência na reestruturação do modelo jurídico-penal em ordenamentos que haviam apostado quase com exclusividade no efeito ressocializador da pena. Porém, a formulação de tais objeções foi iniciada já há mais de duas décadas e, desde então, tem matizado notavelmente a percepção especialista sobre o tratamento dos delinquentes. Agora, predomina uma aproximação mais realista e menos ideologizada aos frutos que as diversas técnicas disponíveis podem oferecer, com âmbitos de intervenção, como o relativo à desintoxicação e inserção de delinquentes usuários de drogas, que têm mostrado amplamente sua efetividade.[20] No atual estado das coisas torna-se injustificado, então, colocar a ressocialização em um segundo plano frente a outros efeitos sociopenais da pena, como a inocuização, a prevenção geral ou a reafirmação de valores sociais. No entanto, a opinião pública tende a valorar as medidas que, com o foco na reinserção social do delinquente, flexibilizam a execução penal como um conjunto de favores imerecidos concedidos aos delinquentes.[21]

Esta ideia caminha estreitamente associada a outra, e em virtude da qual foi destituída, dentro do acervo de explicações sociais da delinquência, aquela que a considerava, em grande parte, uma consequência das desigualdades sociais, seja no momento de interiorizar as normas sociais, seja no momento de dispor dos meios para desenvolver o plano de vida pessoal. A partir de uma visão marcadamente consensual da sociedade, que subestima as diferenças de oportunidade entre seus membros, a delinquência é percebida como um premeditado e pessoalmente desnecessário enfrentamento do delinquente

---

[19] Ver o Capítulo I.

[20] Ver uma revisão empírica dos tratamentos modernamente otimistas em Redondo Illescas (1998):189 e seguintes. Informação valiosa sobre a disponibilidade de tratamentos genéricos e específicos nas prisões espanholas se encontra em Cid Moliné (2002): 21-22.

[21] Somente o tratamento em geral dos delinquentes usuários de drogas, assim como os tratamentos que não implicam uma flexibilização significativa do regime de cumprimento de pena, são aceitos sem reticências pela população.

com a sociedade, que exige uma resposta que preste a devida atenção à futilidade das motivações que têm conduzido a ela.[22]

O conjunto dos três fatores tem fomentado uma série de modificações substanciais no sistema de penas e sua execução que, em boa parte, se inspira, simplesmente, no desejo de fazer mais gravosa para o delinquente as consequências derivadas do cometimento de um delito. Basta mencionar a introdução das penas de privação de liberdade cuja duração prática se aproxima, contra uma tradição bissecular na Espanha, à reclusão por toda a vida,[23] o notável endurecimento do regime penitenciário mediante o estabelecimento de condições mais restritas de acesso ao regime de cumprimento em terceiro grau ou à liberdade condicional,[24] o renascimento das penas infamantes, como é o caso da publicação de listas de agressores ou delinquentes sexuais,[25] ou a garantia de uma efetiva persecução de determinados delinquentes mediante o compromisso de exercício da ação popular por órgãos do poder executivo de comunidades autônomas.

6. Redescobrimento da prisão

O fato de que a prisão é uma pena problemática se transformou em um tópico, no moderno duplo sentido da palavra, que tem estado presente na reflexão político-criminal há muitas décadas. Em especial durante a segunda metade do século XX, tornou-se lugar comum uma série de considerações bem fundadas sobre os efeitos negativos do encarceramento sobre os diretamente afetados e sobre a sociedade em geral. Enquanto as penas longas de privação de liberdade eram consideradas desumanas, pela destruição da personalidade do recluso que tendiam a acarretar, assim como socialmente contraproducen-

---

[22] O *status* desumanizado que o delinquente adquire no imaginário social não é obstáculo a isto, precisamente e, de forma paradoxal, devido a sua prévia consideração como um cidadão que, como qualquer outro, desfrutou de igualdade de oportunidades. Ver a respeito o que já mencionamos na seção 2 deste Capítulo.

[23] Ver os novos arts. 76 e 78 do código penal, após a redação derivada da LO 7/2003. É certo que em outras épocas, sem termos que ir mais longe, como durante o franquismo, existiam penas de prisão até de 40 anos, porém, a instituição da remissão de penas pelo trabalho as reduzia de forma praticamente automática a um terço, o que agora já não é mais possível. As alterações que ocorreram no modelo penal têm levado, em outros países, à reintrodução ou expansão da pena de morte, ou à readmissão de penas corporais. Ver referências em Garland (2001): 9, 142, 213, 257.

[24] Ver referências acima. Em outros países, têm sido restabelecidas as cordas de presos (presos que são conduzidos fora do presídio estando amarrados e em fila). Ver Garland (2001): Ibidem.

[25] Ver referências em Silva Sánchez (2001): 147. Em certos ordenamentos, tem-se recuperado a obrigação de os reclusos portarem uniformes infames – listrados...–. Ver Garland (2001): Ibidem.

tes, por gerar inadaptação do recluso a qualquer futuro reingresso na comunidade, as penas curtas de prisão eram consideradas um fator de primeira ordem na consolidação de pautas comportamentais delitivas em delinquentes de pouca relevância, mediante o contágio com seus pares, exercendo um efeito socializador inverso ao especificado. Isto fomentou, em especial nos países que mais haviam avançado no modelo ressocializador, e como já destacamos,[26] um forte movimento favorável em busca de penas que pudessem substituir total ou parcialmente com vantagem a pena de prisão. É o momento de desenvolvimento de sistemas efetivos de penas pecuniárias, da aparição das penas de trabalho em benefício da comunidade, de prisões adversas, de liberdades vigiadas ou à prova em suas diversas modalidades, da revalorização da reparação do dano como substituto da pena e dos regimes flexíveis de execução penitenciária.

É certo que, na Espanha, o ceticismo em relação à pena de prisão somente foi capaz de superar o âmbito teórico ou acadêmico quando se iniciaram os trabalhos de elaboração de um novo Código Penal; porém, embora tardio, o novo Código Penal de 1995 constituiu uma introdução significativa nesse sentido. Junto da transcendente decisão de eliminar as penas de prisão inferiores a seis meses e da busca da efetividade nas penas pecuniárias mediante a adoção do sistema dias-multa, foram integradas no sistema das penas novas sanções, como a de trabalho em benefício da comunidade ou as prisões de final de semana, diretamente destinadas a evitar, desde o princípio ou mediante seu papel como substitutivos, uma pena de prisão questionada. Não se esqueceu, tampouco, de potencializar a instituição da suspensão da execução da pena de prisão, nem de flexibilizar o regime penitenciário, em especial no tocante à obtenção do terceiro grau ou à liberdade condicional.

No entanto, uma coisa é a concretização, no Código Penal, deste relativo distanciamento da pena de prisão e, outra, sua real colocação em prática. A maior parte dessas medidas destinadas a ser uma alternativa à pena de prisão nasceram órfãs de meios materiais e pessoais necessários para sua efetiva implementação. As razões pelas quais um legislador, genuinamente interessado nesta mudança de rumo da execução penal, pôde desatender aspectos tão essenciais em sua decisão legislativa não são fáceis de compreender: junto à defeituosa técnica legislativa usual em nosso país, na qual todos os necessários estudos sobre a futura implementação das leis não transcendem sua qualidade de mero trâmite do expediente administrativo, deve-se pensar no

---

[26] Ver Capítulo I.

A POLÍTICA CRIMINAL NA ENCRUZILHADA

escasso hábito de operar com medidas próprias do Estado de bem-estar, como eram, sem dúvida, muitas das modificações propostas, que exigem, inevitavelmente, novas contribuições de recursos; em relação a isso, devem ser somados os costumes judiciais e penitenciários e, finalmente, a mudança política que sobreveio em pouco tempo, com o acesso ao governo de uma opção ideológica que tinha sido mantida à margem, quando não oposta, à reorientação proposta no novo código.

Seja como for, o certo é que o sistema dias-multa não tem impedido que a quantia das multas siga sendo calculada de modo semiautomático, sem atender apreciavelmente à diversa capacidade econômica dos condenados; que a pena de prisão de final de semana tenha desaparecido sem ter desenvolvido a fundo suas potencialidades, dada a carência de infraestrutura material e pessoal; e que o trabalho em benefício da comunidade apenas seja aplicado devido à falta dos correspondentes convênios com as instituições que podem acolher os trabalhadores comunitários.

As possibilidades de um tratamento em liberdade, próprio da suspensão da execução da pena, do terceiro grau ou da liberdade condicional não têm sido aproveitadas para além do âmbito da dependência de drogas e a inegável melhora da infraestrutura penitenciária, agora de novo superada pelo aumento de ingressos, tem sido centrada nas condições de habitabilidade, descuidando da dotação de meios pessoais e materiais para as metas ressocializadoras inerentes ao regime penitenciário.[27]

Enquanto todo esse frustrante processo sucedia na Espanha, nas nações de seu entorno cultural, nas quais estava bem assentado o sistema de penas alternativas à de prisão, estava ocorrendo um acelerado processo de recuperação do prestígio das penas privativas de liberdade, o que estava dando lugar às correspondentes reformas legais. Sua recuperação de crédito não tem a ver com a melhora de suas potencialidades reeducadoras, que seguem sendo consideradas escassas ou negativas, mas com sua capacidade de garantir outros efeitos sociopessoais da pena: em primeiro lugar, os intimidatórios e os meramente retributivos, os quais, com a aquisição pelo delinquente do *status* de pessoa normal e a ascensão dos interesses das vítimas, têm passado ao primeiro plano; em segundo lugar, os efeitos inocuizadores, em virtude dos quais se responde com o isolamento social e a reclusão do delinquente ao fracasso da sociedade na ressocialização de

---

[27] Sobre a limitada aplicação das penas alternativas à prisão nos julgados do penal, ver o ilustrativo estudo empírico coordenado por Cid Moliné/Larrauri Pijoan (2002): passim.

seus desviados e, sobretudo, à sua negativa em assumir os custos econômicos e sociais vinculados ao controle do desvio em suas origens mediante as correspondentes transformações sociais.[28]

Dada a instável evolução espanhola, não é de se estranhar que esse movimento pendular tenha encontrado terreno fértil em nosso país, quando ocorreram algumas mínimas condições favoráveis, como um transitório incremento da criminalidade, e um governo e oposição majoritária que pugnam por destacar-se em sua luta contra o crime. Os frutos já estão em nossas mãos: sem nunca ter chegado a testar seriamente as penas alternativas à de prisão, as reformas de 2003 recuperaram as penas curtas de prisão de três meses em diante, em paralelo à supressão da detenção de final de semana, incrementaram a duração das penas longas de prisão e introduziram importantes rigores no regime penitenciário.

7. Ausência de receio ante o poder sancionador estatal

O direito penal moderno tem sido construído, há pouco mais do que dois séculos, dentro de um cuidadoso equilíbrio entre a devida consideração do interesse social na proteção de certos bens fundamentais para a convivência e a persistente preocupação por evitar que essa tentativa implique uma intromissão excessiva dos poderes públicos nos direitos e liberdades individuais dos cidadãos. Essa dupla orientação acarretou que os modelos de intervenção penal contemporâneos, quaisquer que fossem, estivessem sempre limitados, em sua tutela dos interesses sociais, por uma nunca ausente desconfiança da cidadania em relação à capacidade dos poderes públicos em fazer um uso moderado das amplas possibilidades de atuação que lhes outorgavam os instrumentos de persecução delitiva e execução das penas.

Esta falta de confiança se estabelece, ademais, em uma tradição poucas vezes interrompida no direito penal moderno. Sem dúvida, é o elemento mais característico do modelo de intervenção garantista, mas, também, tem sido um componente destacado do modelo ressocializador: mais do que uma visão superficial de seu funcionamento podia mostrar, nele se adotam as mesmas cautelas, quando não maiores, no momento de se estabelecer o âmbito legítimo de atuação dos poderes públicos encarregados do descobrimento e da persecução das condutas delitivas. Tem sido, pelo contrário, a presença de expectati-

---

[28] Ver as referências em Garland (2001): 8-9, 175-179, 148-150, 154-165; Silva Sánchez (2001): 141-147.

vas, que logo se mostram exageradas, na capacidade das ciências do comportamento para fazer o *bem* ao delinquente, o que tem desencadeado os excessos no campo da execução penal, que já comentamos.

Porém, as atitudes sociais estão experimentando, nestes momentos, uma alteração que, em meu entender, não possui antecedentes nas sociedades democráticas modernas. É certo que determinados períodos históricos com regimes políticos autoritários suscitaram, nas massas sociais que os sustentavam, eliminados ou silenciados os vencidos ou discordantes, uma crédula despreocupação pelos métodos negadores dos direitos e liberdades individuais empregados pelos poderes públicos para controlar a delinquência. Além disso, os regimes democráticos foram, demasiadas vezes, bem-sucedidos em isolar e demonizar determinados âmbitos delinquenciais, de modo que em sua persecução pudesse valer tudo: na Espanha, as condutas terroristas ou as relativas a drogas são bons candidatos a exemplo.

No entanto, o que agora está sucedendo tem novos matizes: no marco das sociedades democráticas, com um amplo elenco de liberdades individuais legalmente reconhecidas e efetivamente exercidas, está sendo generalizada a ideia de que se deve renunciar às cautelas existentes encarregadas de prevenir os abusos dos poderes públicos contra os direitos individuais, em troca de uma maior efetividade na persecução do delito. E essa disponibilidade não se limita a âmbitos criminais bem delimitados, mas se estende ao controle da delinquência em sua totalidade, sem que a maior visibilidade que, sem dúvida, tem a que temos chamado de delinquência clássica, deixe fora deste modo de proceder a delinquência de qualquer tipo. Dito de outra maneira, os cidadãos não delinquentes já não temem os poderes públicos no exercício de suas funções repressivas, não se sentem diretamente preocupados pelos excessos que com este fim podem ser cometidos. E isso, sim, é uma alarmante novidade nas sociedades democráticas.

Essa progressiva falta de receio em relação ao uso do instrumental punitivo está permitindo, em primeiro lugar, reformas que há pouco tempo eram impensáveis. São suficientes, como exemplos: a gradual generalização da vigilância de espaços e vias públicas mediante câmeras e outros artefatos de controle visual e auditivo, a simplificação dos procedimentos de adoção de medidas cautelares penais e mesmo civis,[29] a facilitação da prisão preventiva[30] e a diminuição do contro-

---

[29] Como no caso da recente regulação da ordem de proteção das vítimas da violência doméstica, contida na L. 27/2003 de 31 de julho.

[30] A partir das LLOO 13/2003 e 15/2003.

34 *José Luis Díez Ripollés*

le judicial dos procedimentos penais mediante os juízos rápidos.[31] E, em segundo lugar, está prestigiando modos de operar juridicamente em casos nos quais o devido respeito aos direitos e liberdades individuais fica em um segundo plano: na polícia, superado o distanciamento popular que arrastava, desde os anos da ditadura, a eficácia e prontidão demandadas na persecução do delito e descobrimento dos culpados, permite-se desculpar facilmente atuações apressadas que incidem sobre objetos equivocados; o legislador deve mostrar uma clara disposição para transformar em delito qualquer problema social; os juízes devem ser capazes de vencer os obstáculos de direito material e processual que possam surgir, com objetivo de assegurar uma justiça adequada em tempo e forma às demandas populares; e a principal missão dos funcionários da execução das penas é garantir, a todo o momento, que o delinquente não seja tratado de um modo demasiado generoso.

8. Envolvimento da sociedade na luta contra a delinquência

Durante muito tempo, a epígrafe precedente significava que a comunidade assumia sua responsabilidade na gênese da delinquência e se dispunha a estimular e desenvolver iniciativas dirigidas a eliminar a exclusão social de certos cidadãos. Tratava-se de fornecer apoio familiar, laboral e assistencial aos delinquentes ou às pessoas a caminho de se converter em tais. A meta era antecipar-se à intervenção dos órgãos formais de controle social – polícia, administração da justiça... – mediante o fortalecimento dos vínculos sociais dessas pessoas. Agora, os mesmos termos significam outra coisa, como melhorar a colaboração com a polícia na prevenção do delito, identificação e detenção dos delinquentes.

Na Espanha, a pouco se desenvolveu o que em outros países foi denominado como prevenção comunitária, relativo à prevenção policial. Certamente, a ênfase nos objetivos perseguidos pode variar significativamente, estando a comunidade mais centrada em seu desejo de eliminar a insegurança e o medo gerados pela delinquência no espaço social, no qual ocorre a interação social, e em assegurar compensações satisfatórias pelos danos causados; enquanto, para a polícia, a delinquência é, sobretudo, um problema de ordem pública. Porém, em

---

[31] Dado o protagonismo adquirido pelo ímpeto policial do procedimento, assim como o incremento das conformidades. Ver LO 8/2002. Segundo dados fornecidos à imprensa no começo de 2004 pelo Conselho Geral do Poder Judicial, em aproximadamente 50% dos casos tramitados pelo procedimento de juízo rápido são prolatadas sentenças de procedência.

última análise, tudo se reduz a que a comunidade, mediante uma estreita colaboração com a polícia, aprenda e aceite pôr em prática por si mesma técnicas e habilidades que permitam substituir ou incrementar a eficácia das intervenções policiais para prevenir ou perseguir o delito. Desses esforços, surgiram valiosos programas de desenho urbanístico ou viário anticrime, úteis programas de difusão de técnicas de autoproteção das vítimas ou de demanda de intervenção imediata,[32] mas, também, programas de controle de vizinhança, que capacitam os residentes de um bairro a informar sobre qualquer cidadão desconhecido e de aspecto inusitado que transite por suas ruas e que, objetivando sua maior eficácia intimidatória, é recordado mediante os correspondentes indicadores da rua,[33] ou polícias de proximidade, que tem como uma de suas funções específicas recolher a maior quantidade possível de informação da vizinhança, *em princípio* delitivamente irrelevante.

Porém, o direto envolvimento da comunidade na persecução do delito não se limita a tarefas de colaboração com a polícia; cada vez mais os poderes públicos fomentam o desempenho, pela própria comunidade, das funções próprias dos órgãos formais de controle social.

A expansão da segurança privada no conjunto da Europa e da Ibero-América supõe um abandono generalizado de responsabilidades por parte dos poderes públicos com relação a uma de suas tarefas fundamentais: a salvaguarda da ordem pública. Os argumentos eficientistas que pretendem justificar essa retirada massiva das forças de ordem pública de tantos espaços coletivos ignoram uns quantos argumentos de fundo, desde a exigência democrática de que o Estado é o único que deve deter o monopólio da força, até a constatação de que o diferenciado acesso à segurança privada é um novo e crescente fator de desigualdade social. E tampouco querem recordar umas quantas razões que versam precisamente sobre a eficiência, desde as defeituosas prestações levadas a cabo por um setor profissional cujo meteórico incremento de efetivos tem contrastado com o notório desinteresse da administração pública em assegurar sua capacitação, até os motivos que têm impedido as forças de ordem pública de empreender uma reestruturação que lhes tornassem capazes de atender adequadamente à maioria dessas demandas sociais de segurança que agora têm de atender, à sua custa, a comunidade.

---

[32] É o caso das diversas atuações espanholas de melhora da prevenção e persecução da violência doméstica.

[33] Conhecidos nos países anglo-saxões como "Neighbourhood Crime Watch" ou termos equivalentes.

A hipótese do controle social penal por parte da sociedade civil se estende, de igual modo, a fases ulteriores à prevenção ou persecução policiais: é conhecido que países europeus, como a França, têm desenvolvido um sistema privado de estabelecimentos penitenciários, o que não deixou de surpreender em amplos setores sociais. Porém, deveríamos ser conscientes de que a Espanha já entrou decididamente nessa dinâmica: o sistema de execução das medidas impostas a menores responsáveis por delitos descansa já, em grande medida, em uma rede de centros e instituições privadas em acordo com a administração pública competente, na qual agentes privados executam, entre outras, medidas de internamento prolongadas e aplicam o regime disciplinar legalmente previsto. No âmbito da execução de penas de adultos, tampouco podem ser menosprezados os ingressos de dependentes de drogas com pena suspensa ou em liberdade condicional em centros fechados de desintoxicação regidos por agentes privados.

Sem necessidade de entrar, agora, em considerações sobre a legitimidade ou a eficiência de todas estas atuações comunitárias, o decisivo a nossos propósitos argumentativos é a constatação de que todo esse fenômeno de participação da sociedade no controle da delinquência deslocou as energias da comunidade *do afã por lograr a inclusão social dos desviados ao interesse por garantir a exclusão social dos delinquentes*, o que constitui uma alteração nas atitudes sociais diante da delinquência de primeira magnitude.

9. Transformação do pensamento criminológico

Aos golpes que está recebendo o controle especialista da criminalidade, e que já indicamos mais acima,[34] deve-se adicionar uma profunda transformação na abordagem da delinquência por um dos setores especialistas mais relevantes: a criminologia. Durante as décadas de 50, 60 e parte de 70 do século passado, o estudo empírico-social do delito e do delinquente se centrou em um enfoque etiológico que percebia a maior parte da delinquência como um produto da marginalização e privação sociais: a defeituosa socialização, a escassez de oportunidades, a instalação às margens da sociedade de bem-estar, juntamente a alterações comportamentais intimamente vinculadas ao mencionado, explicavam convincentemente a criminalidade. A solução a esta disfunção social também estava clara: reforço dos instrumentos de bem-estar, de integração social, medidas ressocializadoras

---

[34] Ver o ponto 4.

aos delinquentes. Os anos 70 e 80 presenciaram uma acentuação desta aproximação metodológica quando, desde a teoria do etiquetamento e os mais amplos enfoques da criminologia crítica, as instituições sociais que tinham adotado tarefas de integração e de controle social passaram a ser consideradas fatores diretamente configuradores e geradores da delinquência: eram suas tendenciosas e pouco fundamentadas decisões de intervenção as que terminavam decretando onde se encontrava a delinquência e quem eram os delinquentes. A solução passava por uma transformação da estrutura política de nossas sociedades.

Desde os anos 90 do século passado, a criminologia experimenta uma profunda alteração de perspectiva: já não são a marginalização ou a exclusão sociais, nem sequer as instituições de integração e controle sociais, as que criam delinquência; a delinquência surge automaticamente, é a consequência da falta de um suficiente controle social e o necessário é incrementá-lo.

No melhor dos casos, essa demanda por maior controle social não deixa de reconhecer o cenário de desigualdade social inerente à maior parte dos comportamentos delitivos, porém, admite que os esforços de integração social desses setores desfavorecidos devem ser precedidos dos diretamente encaminhados a garantir a segurança cidadã, uma segurança que beneficia, primeiramente, os coletivos socialmente mais desprotegidos e cujo exercício é aconselhável supervisionar de perto para evitar abusos.[35] Porém, esta visão é ainda herdeira dos enfoques anteriores e se encontra, desde seus inícios, superada por outras aproximações metodológicas.

Acomodadas, ou não, dentro do que se tem chamado de criminologia administrativa ou criminologia atuarial,[36] predominam orientações que negam ou se abstêm de ressaltar o pretendido trato desigual da sociedade ou de suas instituições acerca dos que acabam se convertendo em delinquentes. Em contraste, os delinquentes seriam pessoas normais, bem integradas ou aceitavelmente integradas à comunidade, que atuam de modo racional e que se limitariam a aproveitar as oportunidades de cometer um delito que lhes são oferecidas. As soluções a tais tentações devem transitar por duas vias fundamentais: por uma parte, reforçando os efeitos reafirmadores da vigência das normas e os intimidatórios, próprios de penas suficientemente gra-

---

[35] Abordagens nesta linha poderiam ser compartilhadas pela chamada criminologia da classe operária ou os novos realistas de esquerda.

[36] Ver referências em Larrauri Pijoan (1991): 143 e ss; Garrido/Stangeland Utne/Redondo Illescas (2001): 384-390.

ves; considerando que estamos diante de cidadãos que se comportam racionalmente, incorporarão facilmente a seu processo motivacional tais custos e terminarão desistindo de realizar comportamentos delitivos. Por outro lado, devem ser desenvolvidas políticas de prevenção situacional, que desloquem a atenção do delinquente para o delito e se centrem em reduzir as oportunidades para cometer um delito; isto exige tornar os possíveis alvos delitivos menos atrativos, mediante a introdução de medidas de segurança de todo tipo: algumas de mero senso comum, as demais incorporando meios técnicos, umas a serem executadas diretamente pela comunidade, outras a serem desenvolvidas no nível de controle institucional, todas elas expressivas de uma opção de luta contra a delinquência, que se detém a um plano mais superficial do comportamento delitivo, sem interessar-lhe as causas profundas dele.

Tampouco têm faltado orientações, como a criminologia feminista, que, sem desconhecer as causas profundas de determinados comportamentos delitivos, têm conferido primazia às intervenções penais frente a outro tipo de intervenção social e, em consequência, tem sido uma das principais impulsoras do que poderíamos denominar o *bem-estar autoritário*. De fato, esta corrente de pensamento colocou acertadamente em evidência a necessidade de desmontar a sociedade patriarcal, a qual foi capaz de superar, assim que foi alterada, as profundas transformações sociais que ocorreram no século XX e de manter, assim, insustentáveis desigualdades sociais entre os gêneros. Porém, para além disso, a maioria das perspectivas feministas, em busca de uma enérgica reação social diante de tal estado das coisas, foram bem-sucedidas em extrapolar a significativa presença dessa atitude patriarcal de condutas violentas em relação às mulheres, ao conjunto de comportamentos sociais lesivos dos direitos individuais dessas, de forma que se generalizou a imagem social de que a violência é o vetor explicativo da desigualdade entre os gêneros. Assim, tem conseguido fazer com que esta desigualdade seja percebida indiferenciadamente como um problema de ordem pública, para cuja solução os mecanismos preferenciais devam ser os penais.

Isso faz com que o discurso se centre, em primeiro lugar, em assegurar uma punição suficientemente grave de um número significativo de comportamentos patriarcais, já não necessariamente violentos,[37] mediante uma entusiasta reivindicação da pena de prisão e um paralelo desprezo das pretensões ressocializadoras acerca dos

---

[37] Ver, por exemplo, o novo *status* penal outorgado às *ameaças* no âmbito da denominada violência doméstica.

delinquentes, consideradas inúteis e indevidamente detratoras de recursos para as vítimas. Em segundo lugar, assegurado o castigo, a iniludível transformação das pautas e atitudes patriarcais difundidas por todo o tecido social encontra, de novo, no direito penal, um instrumento técnico privilegiado, dada sua pretendida capacidade para promover alterações sociais através de seus efeitos simbólicos: isto lhe outorga uma função pedagógica superior a de qualquer outro tipo de intervenções sociais, as quais, sem desaparecer, ficam em um segundo plano ante a potência socialmente transformadora do direito penal.

Capítulo III – Estratégias para um modelo penal de bem-estar

Uma vez identificado esse conjunto de atitudes sociais, deveríamos evitar a tentação de limitar-nos a reiterar o desdém sobre a maior parte dessas evoluções sociais. Proponho que tentemos compreender a postura do outro e sua solidez, antes de nos perguntarmos o que deve ser feito e quais estratégias devem ser desenvolvidas para consegui-lo.

1. Os erros do garantismo

Essa tentativa de compreensão deveria começar por reconhecer os erros cometidos por um pensamento penal ferrenhamente ancorado no modelo garantista. Desde a segurança que confere a indiscutível filiação a este modelo de reflexão jurídico-penal de quem isto escreve e da maior parte dos penalistas modernos, é o momento de iniciarmos uma séria autocrítica.

Pecado original do garantismo tem sido sua imobilidade. A defesa de certos princípios considerados intocáveis tem lhe levado a se transformar em um peso morto, em uma força negativa, no momento de abordar quaisquer iniciativas de controle social dirigidas a resolver novas e iniludíveis necessidades sociais. Isso pode ser exemplificado, nesse momento, em três aspectos:

O primeiro poderia ser seu olímpico desprezo em relação a tudo o que suponha abandonar o cômodo lugar dos princípios. Seu descuido das aproximações empíricas à realidade do delito e do delinquente tem permitido que seu discurso político-criminal se mantenha imune às alterações sociais que têm ocorrido. Não se trata tanto de relembrar, uma vez mais, a incompreensível desconsideração, por sua parte, do *status* científico que merece a criminologia, mas de chamar atenção sobre a capacidade do modelo garantista para ignorar certas realidades que contradizem suas orientações político-criminais: talvez a insensibilidade acerca da degradação da convivência em determinados bairros nos quais se concentrava o tráfico e o consumo de heroína durante a pandemia dos anos 80 e 90 na Europa, e as reclamações da vizinhança a esse respeito, seja um exemplo que afeta diretamente alguns de nós.

Para esses últimos efeitos, o garantismo se serviu repetidamente de um princípio tão poliédrico e confuso como o da intervenção mínima[38] para desqualificar um bom número de iniciativas de ativação do direito penal que, em seguida, no entanto, demonstraram uma eficácia ou efetividade aceitáveis sem que, ademais, tenham colocado em perigo princípios básicos. Pensemos nas duras críticas formuladas ao novo Código Penal espanhol pela criminalização de condutas no campo do direito societário, acionário ou de âmbito socioeconômico em geral, nas relutâncias às reformas penais direcionadas a uma melhor persecução do terrorismo de rua ou de baixa intensidade e nas objeções de princípio a uma utilização do direito penal para afrontar a violência doméstica. O fato de que, agora, tais atuações não sejam objeto de crítica pelo garantismo, não nos exime de recordar o que ocorreu no momento de sua implementação.

Por último, poderíamos citar a incompreensível atitude segundo a qual a reflexão jurídico-penal deve concentrar-se em uma correta interpretação das leis: deve ser, sem mais, mediante uma aplicação judicial do direito de acordo com os princípios garantistas, salvaguardada em último caso pelo tribunal constitucional, como se deverá satisfazer efetivamente as aspirações do direito penal mínimo. Confinados, consequentemente, na torre de marfim da dogmática, desdenhosos das oscilações políticas, deixamos que os encarregados de elaborar as leis operem sem o apoio de elaborações teóricas e sem estarem submetidos a restrições normativas dignas de consideração. Como era de se esperar, no momento de interpretar essas leis, nossos bem-intencionados propósitos tropeçam nos próprios limites por nós traçados: presos no princípio da legalidade, somente nos resta questionar esse princípio, com o que minamos o edifício dogmático trabalhosamente construído, ou esperar tempos melhores, limitando-nos a realizar um insignificante "trabalho de sapa"[39] da lei vigente mediante interpretações forçadas da mesma.

---

[38] Ver uma crítica a sua mesma formulação em Díez Ripollés (2003): 143-144.

[39] Nota do tradutor: A expressão "labor de zapa" é utilizada no espanhol para significar uma atuação oculta e sorrateira para se conseguir algum fim. Com efeito, a palavra "sapa", tradução

Em resumo, a imagem da academia jurídico-penal, nos últimos tempos, beira, em demasiadas ocasiões, a irresponsabilidade. Resistimos a entrar nas questões político-criminais candentes, para evitar ser abraçados por elas, e preferimos refugiar-nos no moderado mundo dos conceitos jurídicos. Com isso, renunciamos a desempenhar as tarefas sociais que nos competem, descumprimento que dissimulamos torpemente através do emprego desqualificador de um conjunto de lugares comuns.

2. O discurso da resistência

Talvez, de todas as formas, não se deva perder a paciência. Podemos estar diante de um fenômeno passageiro. Não é segredo que todo o mundo ocidental desenvolvido está registrando, nas últimas décadas, um generalizado refluxo do Estado de bem-estar que, além de tornar difícil, em certas ocasiões, a distinção entre políticas conservadoras e progressistas, tem feito com que na nossa sociedade seja arraigado um individualismo exacerbado, no qual quaisquer explicações da delinquência que aludam a fatores estruturais tenham dificuldades para abrir-se antes as mais simplistas referências ao livre-arbítrio do delinquente. Porém, as negativas consequências sociais de tais programas de atuação já são manifestadas em muitos países e é possível que sigam incrementando sua visibilidade neles e em muitos outros.[40]

A Espanha não é uma exceção, e o ciclo conservador que transcorreu de 1996 a 2004 está demonstrando claramente seus efeitos sobre o modesto Estado de bem-estar trabalhosamente construído nos anos 80 e começos dos anos 90; e é de se esperar que sejam acumulados os dados sobre as nefastas consequências sociais a que tal política deu lugar.[41]

De todo modo, à espera da reversão do fenômeno, não deveríamos esquecer o pavor eleitoreiro de uma parte da esquerda. A adesão dos socialistas à política de lei e ordem permite prever que a Espanha

---

de "zapa" para o português, tem como significado, no seu sentido figurado: "atuação oculta e ardilosa a fim de minar, de fazer frustrar um empreendimento de outrem" (HOUAISS).

[40] Ver, de todo modo, a ilustrativa análise empírica de Scheingold (1991): 29-71, 163-192 sobre os diferentes períodos de politização do tema da criminalidade nos EUA e suas dúvidas a respeito do caráter efêmero e conjuntural que inicialmente havia atribuído aos mesmos.

[41] Uma sugestiva – e consoladora? – interpretação das recentes reformas penais como desenvolvimento da política criminal da direita no poder, sem deixar de reconhecer, contudo, a deriva socialista, encontra-se em González Cussac (2003): 13-19, 22, 24, 28.

não sairá tão facilmente desse ciclo no qual se refere a matérias que afetam a segurança cidadã. Com certo atraso em comparação a seus homólogos britânicos ou franceses, a esquerda moderna espanhola parece ter abraçado os postulados da chamada criminologia da classe operária, ou dos novos realistas de esquerda,[42] e ter transformado a segurança cidadã em objetivo primário da luta contra a delinquência, abandonando sua tradicional aproximação à criminalidade a partir de suas causas, e não de seus sintomas.

Diante dessa situação, o discurso da resistência tem duas tarefas diante de si. Por um lado, reagir energicamente ante as propostas entreguistas que, dentro da própria reflexão jurídico-penal, propugnam legitimar a recente evolução político-criminal, vista como um fenômeno inevitável. Por outro, contra-atacar confrontando os agentes sociais responsáveis por este estado de coisas político-criminal.

Em relação ao primeiro, devem-se rejeitar aquelas posturas que pretendem dar carta branca aos poderes públicos em sua luta contra a delinquência. Assim, a tese conhecida como o "direito penal do inimigo",[43] que propugna a criação de um direito repressivo excepcional, escasso de garantias e usuário de penas extremamente duras para determinadas formas de delinquência que vão desde a terrorista, passando por diversos tipos de delinquência organizada, até a delinquência clássica ou de rua, habitual ou profissional, constitui um abandono generalizado ao campo da ideologia da segurança cidadã. Sua pretensão de fundamentar os excessos de intervenção penal propostos no dado segundo o qual estamos diante de indivíduos que decidiram excluir-se dos valores e das normas da sociedade na qual vivem, o que justificaria sua consideração como estranhos à comunidade, mostra um sem-número de incongruências, que destacaremos mais adiante.[44]

Basta dizer que, acima de tudo, supõe a consideração do fim preventivo-especial da inocuização do delinquente, seu isolamento social, como fim praticamente exclusivo da pena em relação a esses delinquentes. Em segundo lugar, implica renunciar de antemão a qualquer explicação estrutural sobre as causas sociais dessa delinquência, de forma que a pretendida autoexclusão da sociedade se vê como fruto de decisões livres e, até certo ponto, arbitrárias. Em terceiro lugar,

---

[42] Ver o que foi referido supra, no Capítulo II, ponto 9.

[43] Atualmente, seu defensor mais decidido é Jakobs, cuja última formulação a respeito parece estar em Jakobs/Cancio (2006). Ver sua aceitação, apesar de mais matizada, em Silva Sánchez (2001): 163-167.

[44] Ver os Capítulos V e VI.

ainda que aceitemos sua implícita hipótese de que estejamos diante de delinquentes por convicção, surpreende que, contrariamente ao que foi o tratamento habitual no direito penal clássico e, claro, no direito penal garantista, sua condição de delinquentes ideológicos outorgue a eles um *status* pejorativo em vez de apreciativo ou, ao menos, neutro. Isso seria especialmente pertinente com respeito ao terrorismo, mas também não se pode exlcuir o mesmo em ocasiões referentes a certos tipos de delinquência organizada, como determinados segmentos da economia ilegal de drogas ou do tráfico ilegal de mercadorias ou pessoas, do mundo subdesenvolvido ao desenvolvido. Finalmente, à exaltação da inocuização, à cegueira das causas estruturais da delinquência e à plena incompreensão da delinquência ideológica, atitudes diretamente incidentes sobre os inimigos da sociedade, deve-se acrescentar algo mais: os efeitos devastadores que, sobre a prevenção geral de comportamentos delitivos dirigida ao conjunto da sociedade, deverá ter a constatação de que se reconhece a qualquer cidadão o direito de *se retirar* do ordenamento jurídico, adquirindo um novo *status* que, somente no caso de descobrimento de suas atividades, pode resultar-lhe desfavorável. Se a isso unimos a frequente tendência das instâncias de controle social a poupar-lhe essa decisão ao cidadão, tomando-as em seu nome, o quadro se encontra já completo.[45]

Reconhecidos nossos erros e nossas atitudes de abandono, procede-se agora a desmascarar um conjunto de agentes sociais que tem se tornado os porta-bandeiras da nova ideologia da segurança cidadã.

Em primeiro lugar, os meios de comunicação social: sua avidez lucrativa em alguns casos, seu viés ideológico em outros, a luta por leitores ou pela audiência em quase todos, fez-lhes apurar ao máximo as inegáveis potencialidades midiáticas da criminalidade, as quais mantêm sempre em suas capas. Não importa, a tais efeitos, que a imagem social que se transmita da delinquência e de sua persecução se estabeleça sobre anedotas e acontecimentos isolados descontextualizados, que sejam incrementados sem fundamento real a preocupação e o medo pelo delito e as consequentes demandas sociais de intervenção, ou que se tenha de ocultar a ignorância e falta de preparação de seus profissionais no momento de entender os complexos conflitos sociais que estão narrando.[46]

---

[45] Ver, mais amplamente, sobre tudo isso, os capítulos V e VI.

[46] Ver um interessante estudo da campanha midiática desenvolvida entre 2001 e 2003, por um jornal tão influente como El País e apoiada logo por numerosos meios de comunicação, sobre o pretendido incremento da criminalidade na Espanha durante esses anos, em Soto Navarro (2005): passim.

Em segundo lugar, a própria comunidade, assustada pelo que lhes contam, e, às vezes, pelo que diretamente experimentam, e lisonjeada até a exaustão por todo tipo de agentes sociais ocupados, primordialmente, em livrá-la de toda responsabilidade. Ela acabou acreditando que uma aproximação banal – em termos positivos, "de senso comum" – à criminalidade, composta substancialmente de "mão dura" e de amplas doses de incompreensão e incomunicação intersubjetivas, é a única receita capaz de frear o iminente caos social, sempre anunciado. Seu desinteresse pelas contribuições de especialistas neste campo não deriva somente da frequente incompetência desses especialistas, mas, em boa medida, enraíza-se na progressiva presunção do povo nas sociedades de massas,[47] que o tem levado a pensar que é ele quem deve tomar diretamente minuciosas decisões para a abordagem dos mais diferentes e complexos problemas sociais, em vez de deixá-los nas mãos dos especialistas e exigir, isso sim, responsabilidade pelos erros cometidos.

Porém, esta situação seria pouco menos que inimaginável se a política profissional não tivesse abandonado, há algum tempo, uma de suas máximas de atuação irrenunciável: aquela que estabelece que os políticos são criadores de opinião, e não meros transmissores das opiniões originadas na comunidade. Seus esforços para não permanecer na oposição levam-nos com demasiada frequência a esquecer ou, ao menos, a desconsiderar temporariamente suas crenças em vez de suportar as consequências eleitorais de manter opiniões, em algum momento, minoritárias. Pouco sobra a dizer-se de um fenômeno tão conhecido.

3. O reconhecimento do terreno

No entanto, se não nos conformamos em resistir e queremos avançar na crença de um modelo de intervenção penal distinto ao da segurança cidadã, devemos reconhecer bem o terreno. E, para isso, convém que evitemos desqualificações ideológicas precipitadas, que nos façam acreditar na ilusão de viver em um mundo simples, dividido entre bons e maus. Citemos algumas:

Um dos fatores determinantes da crise do modelo ressocializador nos países que o tinham assumido de forma consequente foi o deno-

---

[47] Um sugestivo ensaio sociológico sobre o papel da massa como ator social nas modernas sociedades está na obra de Sloterdijk (2002): 9-29, 71-99, na qual, entre outras coisas, sustenta-se que a sociedade de massas democrática busca, primeiramente, obter a autoestima da própria massa, o que exige depreciar as diferenças individuais, somente admissíveis enquanto artificialmente criadas e revogáveis.

minado movimento da "pena merecida" – "just deserts" –, sendo não apenas impróprio qualificá-lo, em geral, como uma orientação conservadora, como deve-se justamente valorizá-lo como uma recuperação do garantismo ou uma decidida incorporação a ele. Constituiu, em grande medida, uma contundente reivindicação da vigência de princípios como o da proporcionalidade, segurança jurídica ou humanidade das penas. Era, antes de tudo, uma reação frente às arbitrariedades as quais dava lugar a ideologia do tratamento. É que, finalmente, o fato de o conjunto de forças atuantes no desmoronamento do modelo ressocializador ter acabado primando, em ordenamentos jurídicos muito significativos – EUA, Reino Unido –, pelos efeitos intimidatórios e inocuizadores da pena, não era uma consequência necessária do questionamento do modelo ressocializador, que podia perfeitamente desembocar em um retorno ao modelo garantista, como foi, de fato, o caso nos países escandinavos.[48]

A ideia de que garantir a segurança cidadã é um objetivo que, se alcançado, beneficia de modo singular as classes média baixa e baixa da sociedade, foi um acertado descobrimento das correntes criminológicas que, desde aproximações progressistas à delinquência, fugiam dos excessos da criminologia crítica.[49] A incorporação deste pensamento aos programas políticos de esquerda satisfaz justificadas demandas de seu eleitorado: nelas, a realidade dos coletivos vitimados pela delinquência e desorganização social de rua associa-se com a impossível manutenção por mais tempo de uma concepção ingênua do delinquente como mera marionete dos condicionamentos sociais. Que isso tenha dado lugar a propostas de intervenção centradas nos sintomas, e que a luta contra as causas sociais da delinquência tenha ficado em uma mera referência retórica, sem autonomia programática ou conteúdo orçamentário dignos de menção,[50] é uma contingência que não teria por que ter sido produzida.

---

[48] Ver uma valoração, em grande parte coincidente, do movimento do "just deserts", em Scheingold (1991): 123-125, 141-145, 158-161, 186-192; em menor medida em Garland (2001):55-60.

[49] Ver supra o Capítulo II, ponto 9.

[50] Um bom exemplo do que digo se encontra no programa eleitoral do Partido Socialista espanhol para as eleições gerais de 2004: a seção dedicada à delinquência e à segurança cidadã ocupa 10 páginas, nas quais, em vez de criticar a política do Partido Popular, descreve a estratégia socialista em torno de dois pilares: o primeiro são as políticas de solidariedade e coesão social e o segundo um sistema público de segurança eficaz. No entanto, ao primeiro pilar dedica escassamente uma página, com seis propostas, das quais somente as duas primeiras atendem propriamente ao fomento da inclusão social e sem que nenhuma das duas contenha uma só proposta concreta além de começar um Plano Nacional de Prevenção da Delinquência. O segundo pilar ocupa, pelo menos, quatro páginas e meia e está repleto de todo tipo de medidas e compromissos concretos para o desenvolvimento do modelo policial preconizado. Nas passagens adicionais dedicadas à política penitenciária, apesar de uma decidida aposta pela ressocialização, somente quatro das dez medidas propostas têm a ver diretamente com programas de

Por outro lado, o descobrimento, por alguns movimentos sociais, como os feministas, da força expressiva e integradora do direito penal e seu uso imoderado, até o ponto no qual, em seus programas, as propostas de intervenção punitiva isolem aquelas de natureza puramente social, não pode nos fazer esquecer que tais organizações sociais são alimentadas por correntes ideológicas que lutam por consolidar e aprofundar um Estado de bem-estar que passa por maus momentos. Que seus meritórios esforços concluam, em demasiadas ocasiões, naquilo que temos chamado de *bem-estar autoritário*, de visão curta, duvidosa eficácia e escassa legitimação, é algo certamente a lamentar.

Em qualquer caso, nem a reivindicação da proporcionalidade e segurança jurídica, nem uma análise realista da delinquência, nem as pretensões de progredir na construção do Estado de bem-estar, são atitudes alheias ao desenvolvimento de um modelo alternativo ao da segurança cidadã. Por mais que nestes momentos, e em demasiadas ocasiões, estejam contribuindo, justamente, para a sua consolidação.

4. As explicações estruturais

Buscando explicações que aprofundem as transformações sociais que têm levado a esta repentina mudança no paradigma sancionador penal, penso que a ideologia da insegurança cidadã é, em grande medida, uma cortina fina que esconde um conjunto de mal-estares sociais que foram assentados firmemente entre a população nos últimos anos. A relevância conferida à delinquência e ao seu controle oculta, mediante uma sensível explicação, fenômenos sociais de maior fundamento e complexidade.[51] Gostaria de aludir a dois deles especialmente significativos:

Estamos pagando as consequências derivadas do desmantelamento do Estado de bem-estar ou, se assim se prefere, de sua incipiente consolidação na Espanha. Acontecimentos sociais de primeira linha, como as reformas trabalhistas que têm conduzido à precariedade no emprego, à deterioração de serviços sociais básicos como o saneamento e a educação, às dificuldades para o acesso à habitação, à progressiva perda da maioria das obrigações fiscais e de seu caráter

---

tratamento, sem que haja uma só menção ao fomento de penas alternativas à prisão. A mesma orientação pode ser vista na seção específica referente à luta contra o tráfico de drogas. Ver Partido Socialista Obrero Español (2004).

[51] Sobre a capacidade da luta contra a delinquência para encobrir outros mal-estares sociais, ver a experiência nos EUA narrada por Scheingold (1991): 68-69, 172-177, 181-183.

distributivo, entre outros fenômenos,[52] têm feito com que as legítimas inspirações de amplos setores sociais para desenvolver um projeto vital coerente e com projeção no tempo venham a ser frustradas. Isto leva, entre as camadas sociais prejudicadas por esta transformação, a uma sensação de instabilidade pessoal que não favorece a compreensão acerca dos comportamentos delitivos, os quais são percebidos, em boa medida, como atuações aproveitadoras, que pretendem beneficiar-se do respeito às normas pelos demais no momento de lograr os mesmos objetivos sociais; por sua parte, os setores sociais que estão tirando proveito de toda esta desregulação não veem motivos para fornecer uma compreensão sobre um tipo de comportamento, o da delinquência clássica, que somente reflete um insuficiente esforço de certos setores sociais para se ajustar às novas realidades sociais.[53]

Tampouco se deve esquecer a extensa confusão pessoal que está originando um mundo cada vez mais complexo e em rápida transformação: a sensação de que a sociedade evolui espontaneamente, sem nenhuma direção previsível e menos ainda controlável, a consciência de que as exigências da mundialização superam, com folga, as capaci-

---

[52] Podem-se mencionar alguns dados espanhóis significativos: segundo o Eurostat, a Espanha era, em 2000, o penúltimo país da União Europeia em porcentagem de PIB dedicado a gasto social. O emprego precário supõe já, após poucos anos de vigência das normas de contratação laboral, mais de 30% de todo o emprego e, para se ter uma ideia de evolução, basta dizer que, na província de Málaga, 92% de todos os contratos assinados em 2003 foi temporário, com uma duração média de 80 dias. No que se refere à saúde, a Espanha ocupa, segundo a OCDE, o penúltimo lugar da UE em gasto de saúde por habitante. O gasto público estatal destinado à moradia passou de 1%, em 1993, para 0,5%, em 2004, e se a habitação protegida constituía 30% das habitações iniciadas em 1996, em 2003, apenas chegava a 7%; a porcentagem de rendimentos destinados pelas famílias para pagar a hipoteca se aproxima de 50% em 2003, quando em 1996 apenas superava 30%. A APIFE, associação que envolve mais de 90% do coletivo de inspetores que trabalha na Agência tributária, denunciou, reiteradamente, em 2004, o tendencioso controle de fraude tributária que se realizava, centrado quase de modo exclusivo nos que já declaravam e que estava levando a graves lacunas de inspeção no âmbito da atividade financeira e imobiliária, chegando a afirmar que parece que as últimas reformas prévias a essa data foram encaminhadas para facilitar a evasão fiscal de tais coletivos. Ver informações e referências adicionais da fonte, no diário El País, 25-1-2004, 26-1-2004, 27-1-2004, 30-1-2004, 31-1-2004, 12-2-2004 (País Andaluzia).

[53] Em um sentido aproximado, no momento de interpretar as causas das últimas reformas penais, Sáez Valcarcel (2002): passim.; Maqueda Abreu (2003): passim; Zugaldía Espinar (2004): 1-2, 4, 9. Uma contundente explicação do modelo de segurança cidadã, desde a perspectiva de um Estado economicamente desregulado e socialmente desmantelador ou condicionador das políticas de assistência social, encontra-se em Wacquant (2001): passim. O autor, na linha da experiência que já ocorreu nos EUA e que, a seu juízo, está sendo estabelecida na Europa, com abundância de dados empíricos, conclui que o Estado da segurança que está substituindo o Estado de bem-estar se caracteriza por uma seletiva e massiva intervenção penal, tanto penitenciária como extrapenitenciária, sobre as classes socialmente mais desfavorecidas e ocupacionalmente mais incompetentes, entre as quais passa, igualmente, a desempenhar um papel assistencial autoritário, enquanto vincula cada vez mais a assistência à aceitação, pelos beneficiados, de certas condições de trabalhos e intromissões em sua vida privada.

dades individuais, o receio ante uma imigração sobrecarregada,[54] com frequência estranha, e receptora de todo tipo de atitudes prejudiciais, para não citar mais do que alguns fatos, originam certamente um redobramento em relação às identidades coletivas que parecem oferecer um solo firme sobre o qual caminhar. Porém, também fomentam visões de exclusão social, que buscam, por meio da estigmatização de certos coletivos sociais, a confiança perdida em si próprios e nos mais próximos.

O modelo de segurança cidadã satisfaz muitas das necessidades antedistas: está assentado sobre um conjunto de valores estimados inquestionáveis, distingue nitidamente cidadãos e delinquentes, preconiza a dureza frente a intrusos e estranhos, ignora as desigualdades sociais... Fornece, em suma, certezas extremamente convenientes para se desenvolver em um mundo desregulado e imprevisível.

5. Os condicionamentos operativos e estratégicos

No entanto, que a ideologia da segurança cidadã tenha sido capaz de fornecer todo esse conjunto de utilidades ao imaginário coletivo tem muito a ver com uma série de condicionamentos de certos operadores jurídicos que não podem ser ignorados. Todos eles podem se resumir na constatação de que as visões estruturais da delinquência, aquelas que buscam suas causas em fatores sociais ou ambientais, têm graves inconvenientes para que agentes sociais relevantes neste campo as assumam. Uma imagem inversa mostra as visões volitivas da delinquência, que a explicam como efeito de decisões racionais e livres do delinquente. O que agora segue não é, portanto, uma análise das diferentes origens ideológicas e culturais das visões estrutural e volitiva da criminalidade, nem das razões que explicam o atual predomínio da segunda, mas algo mais imediato, um panorama de certas inércias sociais que favorecem o enfoque volitivo.

Um enfoque estrutural da delinquência tem o importante inconveniente de colocar o *Poder Executivo*, assim como um *Poder Legislativo* que carece de autonomia, diante de suas próprias responsabilidades: se o delito encontra boa parte de sua explicação em causas sociais, eles

---

[54] Passou-se de uma taxa de imigrantes de fora da UE de 1,5%, em 1999, a aproximadamente 6%, em 2003, ou, o que é o mesmo, a um aumento de 600.000 a dois milhões e meio em quatro anos, o que é surpreendente até mesmo contando com o significativo afloramento da imigração irregular através das cifras de recenseamento. Em 2006, a imigração representa já quase 10% da população espanhola, com quatro milhões e meio de imigrantes, e calcula-se que, em 2010, a população imigrante já será de 14% do total da população espanhola.

são os primeiros responsáveis pela correção das políticas existentes ou pela adoção de novas iniciativas que neutralizem a insatisfatória situação existente. Pelo contrário, uma explicação volitiva do delito permite ao Executivo e ao Legislativo transferir nitidamente a responsabilidade para um terceiro: o delinquente.

O enfoque volitivo, a partir da generalizada hipótese de que todos os cidadãos estão em condições de responder plenamente por suas decisões, deixa, além do mais, uma ampla margem para medidas legislativas de natureza simbólica, carregadas de força comunicativa e vantagem eleitoral: sua insatisfatória eficácia ou efetividade sempre podem terminar mascaradas pelo incontroverso dado de que, em última análise, a culpa pela persistência da delinquência seja de quem comete o delito.[55]

Além disso, uma decidida aproximação estrutural à delinquência resulta dificilmente acessível à *jurisdição*, justo o contrário do que sucede com a perspectiva volitiva. Os juízes têm uma limitada capacidade para ativar, mediante suas decisões, medidas de intervenção social centradas nas causas da criminalidade. Mesmo quando se sinta falta, muitas vezes, por sua vez, de uma aposta inequívoca a favor de penas de reintegração social – exigência efetiva de participação em programas de reabilitação no marco da suspensão da execução da pena de prisão ou de sua substituição, trabalhos em benefício da comunidade, multas adaptadas à capacidade econômica do delinquente e suscetíveis a afetar seu nível de vida... –,[56] é certo que seu real funcionamento depende dos recursos humanos e materiais que se coloquem à sua disposição pelas administrações competentes na execução das penas. E, em qualquer caso, as decisões judiciais nunca poderão ter incidência direta nos fatores sociais que não estejam imediatamente vinculados à pessoa do delinquente.

Paradoxalmente, o enfoque volitivo permite aos juízes e tribunais compensar de algum modo sua inoperatividade estrutural. De fato, uma aplicação esmerada das categorias que fundamentam a responsabilidade penal no momento de julgar o comportamento do suspeito possibilita desenvolver indiretamente as atitudes de compreensão em relação aos condicionamentos sociais da delinquência. Porém, isso não impede que a atenção siga centrada no comportamento e na pes-

---

[55] Além disso, a progressiva transferência das competências de desenvolvimento e execução das decisões político-criminais às comunidades autônomas na Espanha está descobrindo um novo nicho do direito penal simbólico, à medida que a responsabilidade pelo defeituoso funcionamento de previsões legais *ab initio* inadequadas, porém simbolicamente úteis para o órgão nacional que as aprova, desloca-se aos órgãos autônomos e locais encarregados de sua execução.

[56] Ver o mencionado no Capítulo II, ponto 6.

soa, objetos concretos de julgamento, e que se tenha que forçar uma via, a do garantismo, que tropeça em sérias resistências sociais.[57]

Tampouco parece que as circunstâncias nas quais atualmente se desenvolve a atividade dos *meios* favoreçam a que estes realizem contribuições estruturais sobre a delinquência: já assinalamos mais acima, em diferentes lugares,[58] o papel decisivo que estão desempenhando na consolidação de uma visão volitiva da delinquência através do fomento do modelo da segurança cidadã. Basta acrescentar, agora, que a pressa, aparentemente inevitável, na elaboração de seus conteúdos e a conveniência em "atribuir um rosto" a qualquer assunto, por mais abstrato que seja, são fatores também determinantes no enfoque volitivo, neles quase exclusivo.

Finalmente, há um agente social que tem abdicado de sua tradicional missão de evidenciar os condicionamentos sociais do delito: a *criminologia*. Por razões que já referi mais acima,[59] influentes centros de estudo criminológico têm se sentido obrigados a purgar os excessos cometidos na época crítica, deixando o caminho aberto e, inclusive, assumindo e fomentando correntes interpretativas, nunca desaparecidas, para as quais as explicações sociais são um mero álibi para não adotar políticas verdadeiramente eficazes contra os delinquentes reais ou potenciais.

6. A alternativa do modelo penal de bem-estar

Depois de tudo o que temos dito, acredito que algo tenha ficado claro: o debate social e jurídico sobre a política criminal contemporânea não oscila entre os polos de mais ou de menos garantismo, mas sobre os modelos mais eficazes de prevenção da delinquência. Nesse sentido, a alternativa ao modelo da segurança cidadã não é o modelo garantista, mas um *modelo penal de bem-estar*, que anteponha uma aproximação social a uma aproximação repressiva em relação à delinquência. E os termos do debate se desenvolvem, em consequência, no campo da racionalidade pragmática, isto é, no da efetividade e eficácia das medidas de intervenção social a serem tomadas.[60] A contraposição

---

[57] Ver uma ilustrativa análise do modo como nos EUA estes mesmos fenômenos ocorrem nas instâncias legislativa, executiva e judicial, com especial acuidade analítica com respeito a esta última, em Scheingold (1991): 21-28, 113-117, 146-161, 163, 165-172, 181-192.

[58] Ver, por exemplo, ponto 2 e Capítulo II, ponto 4.

[59] Ver Capítulo II, ponto 9.

[60] Em muito menor extensão, também ocorrem no âmbito da racionalidade teleológica, a saber, o dos objetos sociais a serem conseguidos. Maqueda Abreu (2003): 10-11 dá a devida relevância ao enfoque pragmático.

entre estas duas perspectivas, embora nenhuma renuncie plenamente a conteúdos da outra, reflete o contraste entre um afrontamento ingênuo, tosco, da delinquência, centrado nos sintomas e incapaz de ver além do curto prazo, e uma abordagem da criminalidade especialista, consciente da complexidade do fenômeno, centrada nas causas e disposta a dar seu tempo às modificações sociais.

Este modelo penal de bem-estar deve marcar de forma imediata suas distâncias com respeito a duas pautas de intervenção político-criminal que podem reivindicar-se igualmente herdeiras do Estado de bem-estar. A primeira é justamente o modelo ressocializador, cujo colapso deveu-se, em grande medida, à excessiva atenção e expectativas colocadas na operação sobre o delinquente, descuidando das intervenções sobre a sociedade; com essa matização, suas contribuições devem, contudo, ser aproveitadas para o futuro. A segunda é o bem-estar autoritário, que mostra, a cada dia, sua falta de visão e sua incapacidade para se colocar no lugar do outro, por mais desagradável que sejam suas razões e motivações.[61]

Porém, a efetividade e eficácia do modelo penal de bem-estar devem ser demonstradas ou, pelo menos, serem plausíveis, e isso não se alcança reivindicando adesões ideológicas cegas em uma sociedade cada vez mais "desideologizada". Deve-se documentar as consequências negativas do modelo da segurança cidadã e seu previsível, se não já presente, fracasso. Para isso, é preciso abandonar a argumentação no mero terreno dos princípios e dedicar-se a discursos nos quais as alternativas defendidas estejam bem apoiadas em dados empírico-sociais. Somente assim, por outra parte, a *expertise* político-criminal recuperará sua força de convicção e o lugar do qual foi desalojada.

Que o debate não possa evitar, ou inclusive deva centrar-se, na racionalidade pragmática não quer dizer que devam se afastar imprescindíveis referências valorativas. Neste sentido, deve-se retomar com firmeza os esforços a favor da "modernização" do direito penal, isto é, de uma ampliação da intervenção penal a âmbitos socioeconômicos e de interesse comunitário até pouco tempo considerados alheios à política criminal. O caráter essencial dos interesses protegidos e a exigência constitucional de igualdade de tratamento a todos os cidadãos obrigam a incorporar a criminalidade dos poderosos ao acervo de condutas objeto de consideração do direito penal. Esta é a

---

[61] Ao contrário, o modelo da justiça restaurativa, com suas propostas de mediação entre delinquente e vítima, pode constituir uma via promissora, embora limitada por suas insuficiências na relação com a delinquência menos grave e a grave, para alcançar uma imediata integração dos interesses públicos e os particulares das vítimas, além de facilitar a ressocialização do delinquente.

genuína tarefa expansiva da criminalização que corresponde ao modelo penal de bem-estar: deve liberar o direito penal do estigma de ser direito dos pobres e deve assegurar que cumpra realmente sua função, a de ser um direito orientado à salvaguarda dos pressupostos essenciais para a convivência. Impõe-se, portanto, uma contundente reação ante aquelas propostas que, com melhor ou pior intenção, propõem uma redução significativa da ainda incipiente punição de condutas socialmente muito perturbadoras, mas realizadas em nichos sociais abastados.

De qualquer forma, deve-se reiterar que tanto as novas decisões de criminalização como as clássicas, por mais relevantes que sejam os interesses que tutelem, devem ser submetidos no modelo penal de bem-estar ao contraste de sua efetividade e eficácia. Isso obriga a uma análise cuidadosa de todos os recursos sociais disponíveis, de forma que qualquer intervenção penal deverá demonstrar sua utilidade ou o *plus* de utilidade que o torna preferível a outro tipo de intervenção. Deve-se estar, em consequência, disposto a que um uso consequente desta pauta decisional contradiga assentados lugares comuns no âmbito do princípio da subsidiariedade.

E o que fazemos com o sistema de garantias tão trabalhosamente construído? Mantê-lo ou, melhor dizendo, convencer a sociedade de que não pode prescindir dele. Para isso, deve-se buscar, em primeiro lugar, que o garantismo deixe de ser entendido como um modelo global de intervenção penal. Esta caracterização, que em boa parte temos atribuído a ele automaticamente, condicionados pela ausência de autênticos projetos político-criminais, não responde à sua natureza.[62] Sua função não é elaborar programas de atuação político-criminais, mas tornar-se um bastião, uma trincheira, frente ao possível abuso dos poderes públicos ao desenvolver tais programas.

Esclarecido isso, e em segundo lugar, deve-se fazer crível à sociedade que estes abusos existem e que podem ser incrementados. Somente quando suficientes setores sociais compreenderem os riscos que o desmantelamento do sistema de garantias implica, estar-se-á em condições de reverter o fenômeno social antes aludido, pelo qual

---

[62] Sobre este tema, é sintomática a opinião de Ferrajoli (1990): 347-362, 460-465, 553-556, 591-594, 908-909, 913-914, 947-963 (há tradução para o espanhol e para o português), cuja concepção do direito penal mínimo parte de que as garantias são somente formuláveis no sentido negativo, de forma que sob os postulados de um direito penal mínimo não se pode, por exemplo, identificar um sistema de proibições positivo legítimo, e o mesmo poderia se dizer das sanções ou do processo. Isso justamente o diferencia ante um rejeitável direito penal máximo que, ao introduzir critérios positivos, introduz a discricionariedade. E o fato de que o Estado de direito confere cobertura a tal direito penal mínimo serve mais para deslegitimar do que para legitimar decisões dos poderes públicos.

se está disposto a substituir garantias por efetividade na persecução do delito. De novo, conviria que trocássemos os princípios e as abstrações por casos concretos, pela descrição de abusos efetivos sobre potenciais e reais delinquentes.

De resto, o sistema de responsabilidade penal será tanto mais sólido quanto melhor expresse, de forma depurada, mas compreensível, as ideias sociais vigentes sobre quando alguém deve responder por seus atos e em qual grau. É aí que está sua força, e não em refinadas e inacessíveis construções conceituais. Algo parecido sucede com o sistema de verificação da responsabilidade, no qual, por exemplo, a atividade probatória não deveria ter obstaculizada sua aproximação empírica à realidade, nem seu uso de regras lógicas ou argumentativas amplamente partilhadas, por freios garantistas negadores da evidência.[63]

7. As estratégias a serem seguidas

Ao longo das últimas seções foram sendo corporificadas as atuações estratégicas que deveriam ser empreendidas pelos diferentes agentes sociais contrários ao modelo penal que está sendo configurado, razão pela qual não necessito repeti-las agora. Concluo, pois, com o esboço de algumas linhas estratégicas ainda não mencionadas:

Toda modificação de um modelo de intervenção social, além dos interesses gerais que persiga e de sua eficácia para obtê-los, favorece os interesses particulares de certos grupos sociais e prejudica, ou ao menos não promove, os interesses de outros. Esta regra é perfeitamente válida para as intervenções político-criminais e deveria ser levada muito em consideração no momento de buscar os apoios sociais necessários para desenvolver estratégias que neutralizem a atual deriva securitária. Frente a grupos e agentes sociais que estão sendo claramente beneficiados pelo modelo que está sendo estabelecido – forças policiais, empresas de segurança, pequenos comerciantes, classes passivas, setores com emprego estável, meios de comunicação, políticos populistas, associações feministas... – existem outros que acabam prejudicados – grupos preferidos pelo escrutínio policial, como jovens, imigrantes e minorias sociais, corpos especialistas da justiça, da execução penitenciária ou da assistência social e psicológica, empreendedores cujos negócios são prejudicados pela imagem de insegurança

---

[63] Sem prejuízo das reações enérgicas que deveriam incidir sobre quem realize práticas de investigação e prova proibidas.

cidadã, associações ativas na atenção à marginalização social ou em campos afastados da segurança cidadã, como meio ambiente, interesses de terceiro mundo, pacifistas... –.[64]

Outra estratégia promissora para frear o modelo securitário é prevenir uma excessiva desvinculação entre as instâncias sociais que adotam as decisões político-criminais e as encarregadas de executá-las. Parece que quanto menores responsabilidades se têm na colocação em prática das leis ou regulamentos penais, mais fácil se estabelecem regulações de caráter simbólico, politicamente vantajosas para quem as aprova e devastadoras da capacidade de gestão para quem deve aplicá-las.[65] Ainda que essa separação não seja questionada entre o Poder Legislativo ou Executivo, por um lado, e Judicial por outro, é especialmente perigosa dentro dos diferentes níveis do Poder Executivo: a atual tensão na Espanha entre o governo central e as comunidades autônomas no transcorrer das últimas reformas processuais e na dotação de meios à administração da justiça é um bom exemplo disso.

Finalmente, não se pode deixar de mencionar a necessidade de que os grupos e agentes sociais contrários ao modelo da segurança cidadã se organizem em grupos de pressão. Eles deverão ser os encarregados de fornecer os dados e argumentos imprescindíveis para que as concepções sociais e as políticas públicas evoluam para um modelo mais razoável de intervenção penal. Devem ser abandonadas visões ingênuas, muito presentes nos grupos especialistas jurídicos, segundo as quais a racionalidade termina se impondo por si mesma. As associações policiais deram um bom exemplo, na Espanha, não faz muito tempo, de como um inteligente e oportuno uso de dados e argumentos pode fazer com que forças políticas de muito distinta ideologia terminem satisfazendo certos interesses corporativos.[66]

---

[64] Ver duas análises, nesse sentido, em relação aos EUA, em Scheingold (1991):55-65; Zimring (2003): 193-202.

[65] Ver referências estadunidenses a este fenômeno em Scheingold (1991): 22-25, 27-28, 177-179, 188.

[66] Refiro-me ao alarmista uso de uma transitória elevação das taxas de criminalidade para conseguir melhorias de quadro de pessoal e salarial, campanha desenvolvida entre 2001 e 2003. Ver Díez Ripollés (2002); Sáez Valcarcel (2002): 6. Sobre uma quarta, e cínica, estratégia desenvolvida, aparentemente com frequência, pelos grupos especialistas da administração da justiça nos EUA, consistente em ceder às demandas populistas nos casos judiciais mais publicizados, conseguindo, em contrapartida, ficar fora da atenção da mídia, na grande maioria dos casos, nos quais podem realizar uma aproximação especialista a eles, ver Scheingold (1991):122-123, 139, 151-153, 159, que também alude ao que ajuda o ganho da confiança da mídia.

Segunda parte

A teorização do modelo
penal da segurança cidadã

Capítulo IV – O debate sobre a sociedade do risco

1. Introdução

Nas páginas anteriores, sustentamos a opinião de que a atual política criminal espanhola somente é suscetível a uma completa compreensão se assumirmos a tese de que entramos em uma dinâmica que tende a superar o até recentemente incontestável modelo penal garantista e substituí-lo por outro, ao qual denominamos de modelo penal da segurança cidadã. Nesse movimento, outros modelos penais disponíveis, como o ressocializador ou o da justiça reparadora, deixaram de ser consideradas alternativas dignas de consideração.

Depois de mostrar como essa mudança de modelo tem sua base nas profundas transformações espontâneas ou induzidas em atitudes sociais em relação à delinquência, e em sua acrítica acolhida por relevantes agentes sociais com capacidade para transformar a política criminal, uma série de propostas estratégicas foi formulada. Com elas, pretendia-se neutralizar uma deriva político-criminal que, para além do seu nada convincente pano de fundo ideológico, permite prever todo tipo de efeitos negativos a médio e longo prazo na abordagem da prevenção da delinquência.

A referência central da estratégia esboçada era o desenvolvimento de um modelo penal alternativo ao da segurança cidadã, que fosse capaz de superar facilmente, em termos pragmáticos, e não somente ético-políticos, o emergente modelo da segurança cidadã. O modelo penal de bem-estar mencionado deveria estar em condições de demonstrar a maior eficácia e efetividade de uma aproximação à delinquência a partir de suas causas pessoais e sociais, e não a partir dos seus sintomas ou manifestações imediatas, e de inserir, consequentemente, os mecanismos sociais de prevenção da criminalidade no marco das intervenções próprias do Estado social do bem-estar. Sobre esta sólida base não deveria haver problemas para defender a persistência de um conjunto de garantias bem estabelecidas nas crenças sociais, as quais, em grande parte independentes do modelo de intervenção penal escolhido, estariam voltadas a preservar os cidadãos dos possíveis abusos dos poderes públicos.

Mas um avanço por esses rumos exige, simultaneamente, livrar o discurso de uma série de freios que impedem seu progresso. Assim, torna-se inadiável realizar uma cuidadosa caracterização dos agentes sociais que estão impulsionando a vigente orientação securitária, e de quais são seus interesses e motivações determinantes. Também convém ter consciência das escassas contribuições que o pensamento garantista convencional, atrelado a atitudes principialistas, vem realizando na adequação da intervenção penal aos novos problemas e necessidade sociais. Finalmente, não podemos ignorar as crescentes correntes doutrinárias que optaram por uma contemporização com as novas propostas ligadas ao modelo da segurança cidadã, as quais estão começando a serem dotadas de uma cobertura ideológica necessária para sua credibilidade científico-social.

Então, nesta segunda parte, pretendo abordar a última dessas questões. Mas, principalmente, gostaria de questionar os pressupostos analíticos e as estratégias de intervenção do discurso doutrinário que está consolidando o novo modelo penal da segurança cidadã.

Contudo, uma correta exposição e crítica dessas posturas doutrinárias exige desenvolver uma linha argumentativa que preste a devida atenção a um adicional de legitimidade dialética do qual se beneficiaram, ao menos no início, as propostas securitárias. Esse adicional foi obtido pelo êxito que tiveram em apresentar suas iniciativas como mais um aspecto do fenômeno da expansão do direito penal vinculada à consolidação da moderna sociedade do risco.

De fato, o direito penal da segurança cidadã mostrou uma habilidade especial para integrar suas análises e propostas de intervenção ao previamente existente debate político-criminal sobre a conveniência de estender as intervenções penais a âmbitos sociais até então fora do seu raio de ação. Deste modo, conseguiu, em boa parte, disfarçar que seus conteúdos, tanto no que se refere às áreas de intervenção, como no que concerne à natureza desta, incidem sobre a delinquência clássica e limitam-se a exacerbar medidas penais há tempos conhecidas.

Resulta fácil perceber a frequência com que as posturas doutrinárias, favoráveis ou contrárias a essa modernização do direito penal por meio de sua expansão a fenômenos próprios da chamada sociedade do risco, se reproduzem na hora de afrontar as propostas securitárias. A meu ver, pelo contrário, estamos perante duas correntes de caráter oposto, que abordam realidades sociais diferentes a partir de perspectivas ideológicas também distintas, e que merecem, consequentemente, um julgamento diferenciado.

Acredito que as reflexões a seguir, para além do acerto que obtenham em sua crítica ao modelo penal da segurança cidadã, contribuem para o definitivo esclarecimento deste extremo.

2. O debate político criminal sobre o direito penal da sociedade do risco

Não é objeto deste estudo uma análise da rica polêmica que está ocorrendo sobre a procedência de estender o direito penal a novos âmbitos geradores de grave lesividade social, e que até agora não haviam sido submetidos à incidência da intervenção penal. Espero apresentar detalhadamente meu ponto de vista em outra ocasião.[67] Mas é inevitável, devido à opção metodológica que anunciei nas linhas anteriores, fazer uma descrição superficial dos termos nos quais está acontecendo essa discussão, dada a habilidade com a qual o discurso doutrinário da segurança cidadã se uniu a ela.

O debate original sobre o direito penal da sociedade do risco parte da constatação de um conjunto de *realidades sociais,* que, talvez, poderíamos sintetizar em três grandes blocos:

a. Por um lado, a generalização na sociedade moderna de novos riscos, que afetam amplos coletivos, e que poderiam ser qualificados como artificiais enquanto produto de novas atividades humanas; em concreto, seriam consequências colaterais de pôr em prática novas tecnologias em diversos âmbitos sociais. Tais riscos são de difícil antecipação e baseiam-se, geralmente, em falhas no conhecimento ou manejo das novas capacidades técnicas.

b. Por outro lado, são percebidas crescentes dificuldades para atribuir a responsabilidade por tais riscos a determinadas pessoas físicas ou jurídicas: à já mencionada problemática previsão de sua aparição, adiciona-se a realidade das atividades geradoras de riscos que se entrelaçam umas às outras, de maneira que o controle do risco não só

---

[67] Ver, de qualquer forma, um pronunciamento inequívoco a favor da progressão na chamada modernização do direito penal, no Capítulo III.

escapa ao seu próprio domínio, como tampouco está claro nas mãos de quem está; são propostos inevitáveis critérios de distribuição de riscos que não satisfazem plenamente as exigências de imputação de responsabilidade.

c. Finalmente, foi difundido na sociedade um exagerado sentimento de insegurança, que não parece manter exclusiva correspondência com tais riscos, mas que se vê potencializado pela intensa cobertura midiática dos acontecimentos perigosos ou lesivos, pelas dificuldades que enfrenta o cidadão médio para compreender a acelerada mudança tecnológica e adaptar sua vida cotidiana a ela, e pela extensa percepção social de que a moderna sociedade tecnológica implica uma notável transformação das relações e dos valores sociais e uma significativa redução da solidariedade coletiva.

Em suma, todo esse conjunto de fatores ativa demandas de intervenções socioestatais que permitam controlar tais riscos e aplacar tais temores, e a elas se aplica, entre outros mecanismos sociais, a política criminal.[68]

Por sua vez, a *política criminal*, que pretenderia dar resposta a essa sociedade do risco, pode ser evocada a partir de quatro grandes aspectos:

a. Em primeiro lugar, uma notável ampliação dos âmbitos sociais objeto de intervenção penal, a qual pretenderia incidir sobre novas realidades sociais problemáticas, ou sobre realidades sociais preexistentes cuja vulnerabilidade tenha sido potencializada; entre os setores de intervenção preferencial, pode-se citar a fabricação e distribuição de produtos, o meio ambiente, os novos âmbitos tecnológicos como o nuclear, o informático, o genético, a ordem socioeconômica e as atividades enquadradas em estruturas delitivas organizadas, com especial menção ao tráfico ilícito de drogas.

b. Em segundo lugar, uma significativa transformação do alvo da nova política criminal, que concentraria seus esforços em perseguir a criminalidade dos poderosos, únicos setores sociais capazes de desenvolver tais condutas delitivas e que, até então, dificilmente entravam em contato com a justiça penal; para tais efeitos, contar-se-ia com o aval derivado das demandas de intervenção penal provenientes das organizações sociais surgidas nos últimos tempos em defesa dos novos interesses sociais – associações de consumidores, ecologistas...–, com a decidida inserção nos programas da esquerda política de pro-

---

[68] Ver, entre outros, Mendoza Buergo (2001): 24-34; (2003): 71-74, 78-79; Silva Sánchez (2001): 26-30, 32-50; Silva Sánchez/Felip Saborit/Robles Planas/Pastor Muñoz (2003): 67-71; Gracia Martín (2003): 62-65.

postas de criminalização dessas atividades lesivas dos poderosos e, sobretudo, com o apoio de maiorias sociais que se identificavam com as vítimas dos abusos dos socialmente privilegiados.

c. Em terceiro lugar, a preponderância outorgada à intervenção penal em detrimento de outros instrumentos de controle social: a contundência e a capacidade socializadora do direito criminal são consideradas mais eficazes na prevenção de tais condutas do que outras medidas de política econômica ou social, ou do que intervenções realizadas no seio de outros setores jurídicos, como o direito civil ou o direito administrativo; o princípio da subsidiariedade penal é seriamente questionado.

d. Por último, a necessidade de adequar os conteúdos do direito penal e processual penal às dificuldades específicas que apresenta a persecução desta nova criminalidade: às novas técnicas delitivas, aos obstáculos para determinar os riscos não permitidos e à trabalhosa individualização de responsabilidades, deve-se contrapor uma atualização dos instrumentos punitivos; isso implica reconsiderar ou flexibilizar o sistema de imputação de responsabilidade e de garantias individuais vigentes, o que se deve fazer função da necessidade político-criminal de melhorar a efetividade na persecução e repressão penais.[69]

O *direito penal resultante* dessa política criminal renovadora poderia corresponder às seguintes notas essenciais:

a. Incremento da criminalização de comportamentos mediante a proliferação de novos bens jurídicos de natureza coletiva; os componentes materiais destes bens jurídicos marcariam diferenças em relação à boa parte dos bens jurídicos tradicionais, produto de sua configuração de acordo com as funções sociais que deveriam satisfazer e com a perda de referências individuais.

b. Predomínio das estruturas típicas de simples atividade, ligadas a delitos de perigo ou de lesão ideal do bem jurídico, em detrimento das estruturas que exigem um resultado material lesivo: dentro dessa tendência, os delitos de perigo concreto cedem lugar frente aos de perigo abstrato, e se consolidam os delitos de acumulação e de obstaculização de funções de controle, o que aproxima os comportamentos incriminados aos que são objeto de persecução por parte do direito administrativo sancionador; abre-se caminho para a fundamentação da punição de comportamentos com base no princípio de precaução,

---

[69] Ver, entre outros, Hassemer (1999): 52-63; Mendoza Buergo (2001): 38-61, 92-95; Silva Sánchez (2001): 25-26, 28, 52-69, 74-76, 81-90.

entendido como uma alternativa mais flexível do que a exigência de periculosidade do comportamento.

c. Antecipação do momento em que se procede à intervenção penal: punem-se demasiados ilícitos que antes eram apenas administrativos, civis ou comerciais, generaliza-se a punição de atos preparatórios especificamente delimitados e se dá autonomia à punição da associação delitiva, quando esta não é integrada nas modalidades de autoria e participação.

d. Significativas modificações no sistema de imputação de responsabilidade e no conjunto de garantias penais e processuais: admitem-se certas perdas quanto ao princípio da segurança jurídica, derivadas de menor precisão na descrição dos comportamentos típicos e do uso frequente da técnica das leis penais em branco; faz-se uma interpretação generosa da lesividade real ou potencial de certos comportamentos, como na punição de determinados portes ou da pena de apologias; considera-se razoável uma certa flexibilização dos requisitos da causalidade ou da culpabilidade; aproximam-se, chegando, às vezes, até a serem neutralizadas as diferenças entre autoria e participação, entre tentativa e consumação; volta-se a valorar o princípio da disponibilidade do processo, mediante a aceitação do princípio da oportunidade processual e das conformidades entre as partes; a agilidade e a celeridade do procedimento são objetivos suficientemente importantes para conduzir a uma significativa redução das possibilidades de defesa do acusado, etc.[70]

Assim que começaram a se produzir avanços significativos na política criminal e nas transformações do direito penal descritas, foram sendo alinhadas quatro posturas doutrinárias perante essa evolução, que podem ser descritas do seguinte modo:

a. A primeira delas tem sua origem na escola penalista de Frankfurt, sendo Hassemer um dos seus primeiros expositores. Seus postulados foram amplamente recebidos na doutrina espanhola e, embora não tenham obtido adesões inequívocas, serviram para desencadear alguma postura parecida, de clara origem doutrinária espanhola.[71] Pode ser caracterizada globalmente como uma estratégia que, sem deixar de reconhecer as novas necessidades sociais de intervenção, empenha-se em manter incólume o laboriosamente construído edifí-

---

[70] Ver, entre outros, Hassemer (1999): 52-63; Cancio Meliá (2000): 121-123, 127; Mendoza Buergo (2001): 68-85, 95-110; (2003): 74-77, 83-85; Silva Sánchez (2001): 20-21, 30, 51, 99-101, 121-141; Martínez-Buján Pérez (2002): 396-402; Gracia Martín (2003): 130-150; Terradillos Basoco (2004): 220.

[71] Ver logo abaixo.

cio conceitual do direito penal, iniciado no Iluminismo. Nesse sentido, expõe que se tornam inaceitáveis as transformações que a abordagem da problemática da sociedade do risco parece exigir do direito penal clássico, o qual se veria privado de seus traços de identidade. Entre eles, cabe destacar dois: a concentração de esforços punitivos em torno da tutela de um consolidado catálogo de bens jurídicos de titularidade individual, aos quais teríamos que adicionar um número reduzido de interesses sociais e estatais somente amparados frente a riscos graves e evidentes. Do mesmo modo, a vigência de um elaborado sistema de imputação de responsabilidade, assentado em rico elenco de garantias individuais à disposição do presumível culpado de um delito e com repercussões tanto no plano material, como no processual do direito penal. Para evitar a desnaturalização desse direito penal clássico e atender, ao mesmo tempo, às demandas de controle social ligadas aos problemas sociais originados na sociedade do risco, Hassemer propõe criar um novo *direito de intervenção*,[72] que se encontraria na metade do caminho entre o direito penal e o direito administrativo sancionador, entre o direito civil e o direito público. Este direito de intervenção seria o encarregado de se ocupar dessa nova criminalidade, à qual seria admissível a abordagem com certas regras de imputação e garantias penais e processuais menos rígidas, que deveriam vir acompanhadas da previsão de sanções de menor gravame do que as penais.[73]

b. A segunda das estratégias doutrinariamente propostas constitui-se, como a anterior, em uma aceitação resignada das novas demandas sociais que se apresentam à política criminal e em uma tentativa de reduzir seu impacto sobre o direito penal até então vigente; distingue-se da anterior por mostrar-se disposta a que tais exigências sociais tenham direta, ainda que limitada, repercussão na configuração do direito penal. Formulada por Silva Sánchez, destaca, antes de tudo, que o desejável seria reconduzir ao direito administrativo sancionador a maioria dos novos objetos de controle social que emanam da sociedade do risco. Como isso parece, atualmente, uma alternativa irrealizável, propõe estruturar duas classes de direito penal. O primeiro seria o direito penal clássico, que permaneceria alicerçado na proteção da tabela de bens jurídicos tradicionais e que seguiria regido pelos habituais e rigorosos critérios de imputação e garantias do suposto

---

[72] Uma vez que parece considerar uma alternativa menos viável ou mais limitada à inclusão dos novos bens jurídicos coletivos dentro do direito penal clássico, mediante sua transformação, de modo que tiveram, em todo momento, uma direta vinculação às referências individuais. Esta proposta teve uma recepção limitada na doutrina jurídico-penal espanhola.

[73] Uma clara e breve exposição da postura de Hassemer se encontra em Hassemer (1999): 67-72. Ver outras descrições da postura do autor alemão, entre outros, em Martínez-Buján Pérez (2002): 396-399; Gracia Martín (2003): 151-153.

delinquente. Junto a ele, surgiria um novo direito penal, um *direito penal de segunda velocidade*, que se ocuparia especificamente dessas perturbações sociais modernas que estão surgindo à luz da sociedade do risco. Este novo setor do direito penal abordaria essa criminalidade moderna com especial atenção às condições necessárias para sua efetiva persecução: assumir-se-ia o caráter coletivo da maior parte dos bens jurídicos tutelados, adotar-se-iam estruturas típicas suficientemente flexíveis e, em geral, atenuar-se-iam os critérios de imputação e flexibilizar-se-iam as garantias individuais; a contrapartida de todas essas cessões seria, sem dúvida, a renúncia à previsão da pena de prisão para estes comportamentos, que deverão ser punidos unicamente com pena pecuniária e privativa de direitos.[74]

c. A terceira postura doutrinária é produto da reação de um amplo setor da doutrina, empenhada, até este momento, na construção e interpretação dos novos conceitos jurídicos e figuras delitivas do moderno direito penal, perante o questionamento do seu trabalho. Sua linha argumentativa pretende justificar a orientação seguida e, muito brevemente, pode ser sintetizada nos seguintes termos:

A *modernização do direito penal* que está ocorrendo é consequência da acomodação das novas sociedades pós-industriais ao modelo do Estado social de direito, ante o periclitado Estado de direito liberal; todos os esforços nessa direção, e também a reforçada tutela penal de interesses coletivos, são, em última instância, encaminhados a criar as condições que possibilitem o livre desenvolvimento pessoal dos cidadãos.

Os incrementos na intervenção penal derivam do surgimento de novas realidades e conflitos sociais que destacam a existência de relevantes interesses coletivos cuja proteção penal resulta plenamente justificada; não estamos, assim, perante meros sentimentos de insegurança socialmente difundidos, mas perante um conhecimento cada vez mais preciso dos riscos existentes e das técnicas para controlá-los, o que explica a aparição de potentes movimentos sociais que deman-

---

[74] Ver Silva Sánchez (2001): 149-162. Uma assunção limitada da tese de Silva Sánchez realiza Martínez-Buján Pérez (2002): 407-409, 429-430 que, no entanto, se esquiva da dinâmica argumental que contrapõe criminalidade clássica e criminalidade moderna, e aceita a segunda velocidade para infrações de procedência clássica ou moderna, singularmente econômicas, que sejam de menor gravidade, enquanto a delinquência grave, qualquer que seja sua origem, deve permanecer na primeira velocidade. Por sua vez, Tamarit Sumalla (2001): 50-52 é sensível à ideia das duas velocidades, a partir de sua percepção de que se precisa, atualmente, de um direito penal mais extenso, porém mais suave; de todos os modos, sua distinção entre um direito penal, com pena de prisão ou sem ela, não se constitui ao redor da dicotomia entre criminalidade clássica e criminalidade moderna, mas em torno da função de caráter constitucional do bem tutelado em comparação com aquele que possui a liberdade pessoal afetada pela pena de prisão – ver uma crítica a essas posturas constitucionalistas em Díez Ripollés (2003): 177-183-.

dam atuações enérgicas para preveni-los e que contam com um sólido apoio da cidadania a suas demandas. Esses interesses coletivos são especialmente afetados por determinadas atividades socioeconômicas e empresariais, bem como por estruturas organizadas ligadas quase sempre à obtenção de altos benefícios econômicos à margem da lei.

Certamente, as novas medidas de intervenção penal incidem em âmbitos sociais onde operam de forma predominante os setores sociais privilegiados da sociedade, mas este fato vem marcado por aqueles que são os causadores dos novos e graves danos sociais que se quer prevenir, supondo um saudável avanço no emprego não desvirtuado dos instrumentos de controle social e que, infelizmente, é uma realidade claramente superestimada. De fato, é fácil constatar a raridade com que ocorrem efetivas intervenções penais no setor dos chamados novos riscos, o que nos reconduz com excessiva frequência ao mundo do direito penal simbólico.

Finalmente, o pretendido abandono dos princípios básicos do direito penal garantista pelo moderno direito penal não corresponde à realidade:

Uma detalhada revisão dos diferentes conteúdos introduzidos permite confirmar que o garantismo possui os instrumentos necessários para integrá-los em seu interior; o que precisa ser visto como aprofundamentos ou avanços na determinação do sistema de imputação são necessárias adequações de alguns conceitos às novas realidades delitivas; na realidade, as críticas neste campo não supõem mais que um estímulo para a melhora das técnicas legislativas empregadas, mas não implicam uma desqualificação global da proposta modernizadora.

Os princípios limitadores do *ius puniendi* são devidamente respeitados: no que se refere ao princípio da subsidiariedade, o direito penal mostrou ser amplamente mais eficaz que o direito administrativo sancionador na prevenção de condutas especialmente perigosas e, nos âmbitos em que essa maior eficácia é discutida, padecemos, com frequência, de meios para a implementação penal ou do tempo necessário para que a magistratura se familiarize com as novas possibilidades de persecução. Sem prejuízo de novos aprofundamentos conceituais, os bens jurídicos coletivos ganharam crédito em sua autonomia conceitual, sem que isso suponha uma desmaterialização do objeto de tutela com perda da referência a interesses sociais tangíveis. Por último, as estruturas de perigo são imprescindíveis para a proteção de certos bens jurídicos coletivos quando não se pode ou não convém esperar a sua efetiva lesão, sem que sejam procedentes objeções garantistas, na medida em que se dá especial cuidado à prova de perigo concorrente, sem esquecer como é inadequado caracterizar o direito penal moderno como um grupo de estruturas de perigo, algo que não corresponde às numerosas figuras de lesão e resultado material introduzidas.[75]

d. A quarta postura doutrinária pode ser qualificada como uma atitude de *resistência garantista* ante as modificações que a política criminal modernizadora propõe. Diferencia-se das duas primeiras posturas na medida em que não vê a necessidade de realizar cessões aceitando níveis intermediários de intervenções penais ou extrapenais. Considera, por outro lado, que as propostas chamadas modernizadoras estão determinadas por um ilusório desejo de trocar garantias por eficácia: os modernizadores sustentam tenazmente a maior eficácia do direito penal frente ao direito administrativo sancionador ou outros tipos de intervenções jurídicas ou não, embora um adequado manejo do princípio da subsidiariedade permita chegar facilmente a conclusões contrárias; na prática, as intervenções penais nos âmbitos sociais modernos concentram-se em casos de bagatela, com o que finalmente acabam também lesionados os princípios da fragmentariedade e da proporcionalidade. Esta escassa idoneidade do direito penal para enfrentar as novas necessidades da sociedade de risco priva de justificação o enfraquecimento ou, no melhor dos casos, a acomodação que a política criminal modernizadora causa ao direito penal garantista, e que podem levar à sua desnaturalização. Em última análise, a política criminal moderna, incapaz de prevenir de forma eficaz os comportamentos que a preocupam, acaba designando ao direito penal uma função meramente educadora, que o faz cair nas redes do direito penal simbólico.[76]

---

[75] Uma parte muito significativa da doutrina se encontra, em maior ou menor medida, representada pelas precedentes afirmações. Ver, entre outros, Paredes Castañón (1997): 217 e ss.; Gimbernat Ordeig (2002): 52 e ss, 71; Martínez-Buján Pérez (2002): 403-405, 409-431; Gracia Martín (2003): 33-39, 57-125, 155-168, 171-212, 217-218; Pozuelo Pérez (2003): 109, 111, 115-133; Laurenso Copello (2003): 446-450, 452-454; Soto Navarro (2003): 74-78; Prieto del Pino. (2004): 215-217; Terradillos Basoco (2004): 222-240; Górriz Núñez (2004): 340, 343-346; Corcoy Bidasolo (2004): 27-32, 36, 38-40; Gómez Martín (2004): 60-62, 70-71, 77-80, 87-90; García-Pablos Molina (2004): 406-408. Para uma descrição mais ampla desta postura, ver Mendoza Buergo (2001): 118-120, 122-153, 176-179.

[76] Ver, nessa linha, entre outros, Mendoza Buergo (2001): 118-159, 163-179, 181-192; (2002): 288-292, 304, 310-320; Muñoz Lorente (2001): 124-131; provavelmente, Cerezo Mir (2002): 54 e ss.; Bueno Arús (2003): 19-21, 107-109; Velásquez Velásquez (2004): 200-205. Confrontar também Hassemer (1999): 42-51, 57-65, 70.

Capítulo V – A vampirização do debate da sociedade do risco pelo modelo penal da segurança cidadã

Essas eram as coordenadas do debate político-criminal do último quinquênio e meio até que, ao final desse período, e de forma bastante rápida, foram agregados à polêmica novas preocupações e novos argumentos que acabarão modificando substancialmente sua natureza.

Insinuações do que poderia acontecer já podiam ser notadas em plena discussão sobre as demandas da sociedade do risco. Assim, não faltaram autores que incluíssem ou advertissem sobre a inclusão, entre os âmbitos submetidos a debate, de alguns âmbitos que pouco tinham a ver com riscos tecnológicos, como é o caso da violência doméstica, do assédio sexual e dos delitos contra a liberdade sexual em geral e da delinquência patrimonial convencional, ou de outros setores delinquenciais já tradicionais, para os quais as facilidades organizacionais às quais eram submetidos pela sociedade tecnológica, não eram, certamente, o aspecto mais relevante, como são os casos de narcotráfico e terrorismo.[77] Mais ilustrativas ainda eram certas afirmações que pretendiam abrigar sob o conceito de moda do "risco" que criavam com sua própria existência os "outros", as pessoas excluídas do modelo de bem-estar, como desempregados, imigrantes, etc.,[78] que reconheciam que o debate sobre a criminalidade dos poderosos não poderia ocultar que a intervenção penal segue e, presumivelmente, seguirá centrada nos marginalizados, que correm o sério perigo de serem os finais destinatários das defendidas maiores facilidades de persecução de delitos;[79] o que começavam a perceber é que a sociedade, os meios e as instituições estavam se orientando cada vez mais, talvez de forma passageira, para o aumento das sanções e o rigor em sua execução.[80]

Pouco a pouco, começam a ser mais frequentes as afirmações doutrinárias nas quais se reconhece que se está produzindo uma mudança de modelo de intervenção penal, ainda que os autores não se desapeguem totalmente do discurso anterior ou, quando o fazem, somente formulam linhas muito genéricas sobre esses novos desenvolvimentos.[81]

---

[77] Ver, por exemplo, as enumerações de Silva Sánchez (1999): 30, 40, 85-86, 113 e Tamarit Sumalla (2001): 50-51, ou as advertências de Mendoza Buergo (2001): 113, 159-161, 179.

[78] Ver Silva Sánchez (1999): 23-24.

[79] Ver Silva Sánchez (1999): 41-43.

[80] Ver Silva Sánchez (1999): 97, nota 172.

[81] Ver Cancio Meliá (2000): 121-138; (2003): 59-78; Mendoza Buergo (2002): 307-308, 310-311, 314; Maqueda Abreu (2003): 6-11; González Cussac (2003): 24.; Zugaldía Espinar (2004): 1132-1133.

A meu ver, no entanto, chegamos já a uma situação de cristalização de um novo modelo penal que se serviu, para sua consolidação, de uma série de transformações decisivas da análise político-criminal, das quais passo a expor as mais significativas:

1. Integração do fenômeno da insegurança cidadã ao fenômeno pretensamente mais amplo da sociedade do risco

As vias de acesso do discurso da segurança cidadã ao discurso da sociedade do risco vêm constituídas, em sua maior parte, por uma série de equiparações conceituais que, baseando-se no grau de equívoco de certos termos, tratam como realidades idênticas as que apresentam caracteres muito distintos e inclusive contrapostos. Em resumo, dá-se lugar para que o discurso de lei e ordem parasite conceitos elaborados em outro contexto.

Assim, afirma-se que a criminalidade dos socialmente excluídos constitui a *dimensão não tecnológica da sociedade do risco*, de forma que, por exemplo, a antecipação da tutela penal se justifica tanto pela necessidade de reagir com estruturas de perigo às novas formas de criminalidade, como pela urgência em atuar contra a desintegração social e a delinquência de rua que originam os marginalizados sociais. Nessa mesma linha, não há obstáculo em interpretar a concentração de esforços na persecução da criminalidade dos imigrantes como um expoente a mais da expansão penal que exige a nova sociedade do risco.[82] Ainda, estabelece-se uma equação de igualdade entre o sentimento de insegurança diante dos novos riscos massivos que desencadeiam o progresso tecnológico e o *sentimento de insegurança de rua* ligado ao medo de sofrer um delito no desempenho das atividades cotidianas.[83] O auge dos mecanismos de inocuização seletiva, diretamente guiados a retirar da vida social, e manter em reclusão por longo período de tempo, os delinquentes habituais da criminalidade clássica, é considerado igualmente como mais uma eficiente variável da *gestão administrativa de riscos*, inevitável nas complexas sociedades atuais, dada sua alta sensibilidade ao risco e que se serve de técnicas de probabilidade similares às dos seguros, neste caso para concentrar a persecução penal sobre certos tipos de delinquentes.[84]

---

[82] Ver a respeito Silva Sánchez (2001): 28-31, 104-109.

[83] Ver Silva Sánchez (2001): 32-42.

[84] Ver Silva Sánchez (2001): 141-147.

De forma semelhante, o protagonismo adquirido pelos interesses e pelas demandas das vítimas no desenho da recente política criminal intervencionista se apresenta como uma *reação emancipadora* das classes sociais mais desfavorecidas perante a criminalidade dos poderosos, sujeitos que se encontrariam por trás do conjunto de comportamentos que trata de atalhar a atual política criminal expansiva. Faz-se uma interpretação semelhante do papel impulsor da criminalização, que vários movimentos sociais diferentes desempenham, todos eles empenhados em incidir nessa desenfreada criminalidade dos poderosos. Também deveria haver, a fim de proteger as classes economicamente desfavorecidas da sociedade, a conversão da esquerda ao credo da segurança cidadã, conversão que estaria inspirada em uma proteção melhor dos setores sociais desfavorecidos, à custa de incidir, primordialmente, na delinquência dos socialmente privilegiados. Finalmente, as decisões internacionais e comunitárias dirigidas a combater a criminalidade se inseririam no marco da delinquência da globalização e, assim, novamente, na criminalidade dos poderosos.[85]

Interpretações como as que acabamos de reunir, inspiradas, sem dúvida, no louvável desejo de dar a maior coerência possível à análise dos acontecimentos sociais que estão por trás das últimas decisões político-criminais, padecem de um voluntarismo que as conduz a tratar dois fenômenos reais, que se movem em boa parte em direções opostas, como se respondessem às mesmas causas e às mesmas exigências ideológicas. O pior de tudo é que essa ânsia por coerência acaba dando ao modelo penal da segurança cidadã uma cobertura fática não merecida, por não corresponder com a realidade.

Equiparar os riscos derivados do uso das novas tecnologias com aqueles costumeiros da vida cotidiana, como consequência da crescente presença de auxílio desemprego e marginalização social, supõe aludir a duas fontes de risco radicalmente distintas em sua origem, agentes sociais causadores, natureza objetiva e subjetiva dos comportamentos e consequências nocivas produzidas. Sua vinculação, além do fato de que ambas podem gerar condutas delitivas, sustenta-se unicamente na amplitude semântica do termo "risco", mas não parece estar em condições de render frutos analíticos.[86] Os perigos gerados

---

[85] Ver Silva Sánchez (2001): 52-58, 66-69, 69-73, 81-87. Em termos mais genéricos, inserindo o fenômeno da insegurança cidadã no contexto da sociedade do risco, Mendoza Buergo (2003): 80-82, 85.

[86] Destaca igualmente a diferença entre os conceitos de "segurança técnica", ligada aos riscos tecnológicos e a "segurança pública" ou, em terminologia alemã, "segurança interna", Mendoza Buergo (2003): 72. Por sua vez, Paredes Castañón (2003): 91-94, 111 recordou a diferença entre o conceito de risco tecnológico e não tecnológico, antes de formular sua proposta de utilização de

por essa disposição em emprestar conceitos de um contexto a outro explica, da mesma forma, a ausência de desenvolvimento suficiente entre o que é uma criminalidade organizada executada por bandos profissionalizados de estrangeiros e a criminalidade de imigrantes, derivada de sua instabilidade social e econômica.[87]

Tampouco parece algo analiticamente frutífero identificar a inquietude que se suscita no cidadão sobre as reais capacidades das instâncias sociais para controlar uma série de atividades, em princípio, benéficas, mas que podem desencadear graves e generalizados riscos, com a percepção amedrontada de que se aumentaram significativamente as possibilidades de ser destinatário direto de uma conduta delitiva durante o desempenho de suas atividades habituais. Enquadrar o poderoso movimento pela potenciação dos fins inocuizadores da pena, em detrimento dos ressocializadores, dentro de puras considerações eficientistas de espectro mais amplo, tampouco parece razoável. Como teremos oportunidade de ver mais adiante,[88] o auge da inocuização tem um fundo ideológico que deixa em segundo plano a discussão sobre custo e benefício na hora de abordar certos riscos, diferentemente do que se pode dizer de certos desenvolvimentos do direito penal do risco.

As pretensões de interpretar o conjunto da nova política criminal expansiva como uma corrente emancipadora, que aspira controlar de uma vez por todas a criminalidade dos poderosos, são especialmente desafortunadas. Embora reconhecendo que a modernização do direito penal tem um forte componente dessa natureza que se deve manter, o que está acontecendo com o aumento atual da intervenção penal tem, na grande maioria das ocasiões, pouco a ver com isso: o que a população demanda são atuações enérgicas contra a delinquência clássica, a que nasce no meio da desigualdade social e da marginalidade, setores sociais a respeito dos quais, no entanto, produziu-se um notável desapego e desinteresse por parte das classes sociais médias majoritárias; as exigências de atuação sobre a delinquência dos poderosos, sem desaparecer, ocupam um lugar secundário e, desde já, não se percebe entre essas classes médias uma perda do encanto que os setores sociais privilegiados e suas pautas de comportamento lhes causam. Nessas circunstâncias, as identificações sociais da maio-

---

um "conceito generalizado de risco" a fim de determinar a relevância social dos comportamentos que afetam os bens jurídico-penais.

[87] Ver, também, Laurenzo Copello (2003): 444-445.

[88] Ver abaixo, na terceira parte.

ria dos cidadãos com as vítimas da delinquência não parece conduzir a uma reação quanto aos poderosos e sua criminalidade.[89]

Quanto aos movimentos sociais que impulsionariam essas novas políticas expansivas, nem todos perseguem o mesmo e se torna imprescindível diferenciar entre aqueles que se empenham realmente em promover atuações frente às modernas formas de criminalidade – associações ecologistas, de consumidores... – e aquelas que lutam meramente pela manutenção da lei e da ordem – associações vicinais, de comerciantes... –.[90] Que a atual política criminal da esquerda europeia se encaminha a minar a criminalidade dos poderosos é uma afirmação de difícil demonstração; como apontado por um autor,[91] encontramo-nos ante a generalização de um desarmamento ideológico em seu discurso político criminal, que se deixa guiar por demandas conjunturais midiáticas e populistas, demandas que não conseguem fixar predominantemente sua atenção na criminalidade derivada dos novos riscos.[92] Por último, conviria não nos enganarmos a respeito dos objetivos de uma boa parte dos acordos internacionais e decisões comunitárias penais; sem menosprezar a importante presença de regulamentações que afetam os comportamentos delitivos "modernos", não podem passar despercebidos os numerosos instrumentos legais, talvez os de maior transcendência prática, que se referem a aspectos da delinquência clássica e daquela em que a tecnologia tem um papel secundário, desde os tráficos ilícitos até a delinquência sexual, passando pelo terrorismo ou a violência doméstica; além disso, um estudo europeu recente aponta para uma intensificação das atuações comunitárias sobre o que se denomina como "delinquência comum" frente à ênfase precedente na delinquência organizada.[93]

2. Transformação da expansão modernizadora do direito penal em uma expansão securitária

Junto ao conceito de "risco", o conceito de "expansão" tem sido outra das ideias motrizes do debate sobre a modernização do direito

---

[89] Ver valorações similares em Martínez-Buján Pérez (2002): 410; Terradillos Basoco (2004): 226. 227.

[90] Ver, também, Terradillos Basoco (2004): 227.

[91] Ver Terradillos Basoco (2004): 228.

[92] Já vimos, no capítulo IV, uma análise detalhada sobre a reação das forças políticas na recente evolução das demandas sociais sobre o controle da delinquência. Ver, também, entre outros, Cancio Meliá (2000): 135-136; (2003): 71-73; Landrove Díaz (2003): 1925; Maqueda Abreu (2003): 8; González Cussac (2003): 22, 24; Nieto Martín (2004): 220.

[93] Ver Comissão das Comunidades Europeias. (2004): 3-5. Questiona, acertadamente, a presunção acrítica das propostas punitivas internacionais, Nieto Martín (2004): 220.

penal: com ela se quis expressar que a atenção às novas realidades delitivas aconselhava proceder a uma ampliação dos conteúdos do direito penal. Assim, análises como as criticadas no capítulo precedente[94] sedimentaram as bases para um novo progresso na conformação do marco analítico, no qual poderá se arraigar o modelo penal da segurança cidadã. De fato, o conceito de "expansão" deixa de se referir primordialmente às novas formas de criminalidade próprias da sociedade do risco, as quais passam a ocupar, dentro do *novo conceito de expansão*, um lugar marginal, tanto quantitativa como qualitativamente.[95]

Para dar este passo, no entanto, é necessário ainda que sejam aceitos, ou ao menos não questionados a fundo, uma série de mediadores conceituais, às vezes meros lugares comuns incrustados no debate político criminal, que serão coadjuvantes no alcance dessa mudança de perspectiva.

O primeiro deles garante o trânsito de uma a outra forma de expansão, e vem expressado na ideia de que a *expansão* do direito penal deixou de ser extensiva para ser *intensiva*: com isso se abre caminho para a justificação "moderna" das cada vez mais frequentes decisões político-criminais que concentram seus esforços em um aumento da punição de certos tipos de delinquência clássica, delinquência há muito tempo incorporada aos códigos penais.[96]

O segundo deles consiste em aceitar como ponto de partida das novas medidas de intervenção uma série de pressupostos que, ainda que não compartilhados plenamente, encontram-se em alguma medida fundados ou, no mínimo, dignos de compreensão. É o caso de considerar um fato indiscutível a estabilidade, em nossa sociedade, de altas taxas de medo do crime, sem refletir sobre os numerosos indícios que apontam que a evolução recente pode ter sido um fenômeno induzido midiaticamente a partir de certos interesses políticos.[97] Ou,

---

[94] Ver uma síntese de boa parte dessas críticas na nota 7 do Capítulo II.

[95] Ver também Nieto Martín (2004): 220. Terradillos Basoco (2004): 224-225 recorda da mesma forma que a globalização econômica somente exige expansão punitiva contra as pessoas socialmente disfuncionais, por estarem situadas na marginalidade, ou seja, desempregados e imigrantes.

[96] Ver Silva Sánchez/Felip Saborit/Robles Planas/Pastor Muñoz (2003): 114.

[97] Entre abril e julho de 2004, datas imediatamente posteriores às eleições de março de 2004, a insegurança cidadã havia deixado de ser – com exceção de julho, por pequena margem – um dos três problemas principais da Espanha, mantendo-se em quarto, com porcentagens inferiores a 20% de espanhóis que a incluíam entre os três primeiros problemas. Quanto ao medo de sofrer um delito, deixou de ser um dos três problemas pessoais mais importantes, passando ao quarto ou quinto lugar, ao ser citado entre os três problemas que mais lhes afetam somente por 14 ou 15% dos espanhóis. Ver Centro de Investigaciones Sociológicas (CIS) (2004). Sobre a situação diversa no fim de 2003, ver o indicado na nota 10 do Capítulo II.

também, a hipótese de que a opinião pública é inacessível a esforços de sensibilização sobre aproximações racionais da delinquência, de modo que se deve aceitar que o que se procede é a adotar medidas substancialmente dirigidas a acalmar seus temores, apaziguar sua agressividade ou satisfazer, em geral, seus impulsos psicossociais.[98] Também pertencem a essa mesma ordem de pressupostos justificadores afirmações precipitadas sobre a incapacidade das estruturas convencionais do direito penal para abarcar a delinquência patrimonial reiterada dos marginalizados, com a conseguinte insinuação, por trás das conhecidas referências genéricas que devem ser trabalhadas sobre as causas, de que é imprescindível abrir novas vias punitivas; não é estranho que a continuação se dê por boas valorações superficiais sobre o excessivo custo de certas medidas de intervenção preventivo-policiais ou ressocializadoras. Do mesmo modo, ocorre com a conclusão bem consolidada de que para a delinquência grave violenta, os efeitos intimidatórios são ineficazes e os ressocializadores em vão, de forma que somente a inocuização oferece garantias de êxito.[99]

Também são fáceis de encontrar atitudes resignadas perante a transformação que a conceituação e a prática persecutória da delinquência organizada estão experimentando, arquétipo que deixaram de ser as grandes e complexas organizações criminais, com capacidade para afetar o emaranhado socioeconômico e institucional de nossas sociedades, para passarem a ser objeto de atenção preferido as manifestações associativas ligadas à delinquência tradicional, como bandos de assaltantes ou sequestradores, estruturas de tráficos ilícitos de médio nível, redes de pornografia infantil, pequenos grupos ideológicos ou gangues violentas, aos quais se atribui a persecução dos grupos terroristas.[100] Na mesma linha, está a aceitação cada vez mais generalizada de que as condutas sociais não delitivas que se desenvolvem no campo da marginalidade são, indiscutivelmente, a antessala da delinquência, razão pela qual temos que fazer ao menos vista grossa frente a políticas de intervenção penal ou não penal sobre elas, políticas que se consideram condição para a abordagem bem-sucedida da delinquência comum.[101]

---

[98] Ver Silva Sánchez/Felip Saborit/Robles Planas/Pastor Muñoz (2003): 114, 115, 121-123, 127; Comissão das Comunidades Europeias (2004): 6.

[99] Ver Silva Sánchez/Felip Saborit/Robles Planas/Pastor Muñoz (2003): 114-115, 121-124. Ver, ao contrário, sobre os resultados positivos obtidos pelos tratamentos ressocializadores, Redondo Illescas (1998): 197-204.

[100] Ver Silva Sánchez/Felip Saborit/Robles Planas/Pastor Muñoz (2003): 128, 130-131.

[101] Ver Comissão das Comunidades Europeias (2004): 5-6. Referências mais amplas e críticas sobre esta tendência em Wacquant (2001): 20-23.

Pois bem, no contexto precedente, no que se materializa hoje em dia essa expansão do direito penal que iria permitir em suas origens acomodar o instrumento penal às novas realidades das modernas sociedades do risco?[102]

Identifica-se, em primeiro lugar, um bloco de comportamentos que poderiam ser agrupados sob o conceito de *delinquência organizada*. Este conceito, de natureza criminológica, diz pouco, no entanto, sobre quais são os âmbitos sociais em que realmente incide.[103] Uma breve análise da prática da persecução penal neste setor mostra atuações que, sem dúvida, abordam condutas que se aproveitam das vantagens que a atual sociedade tecnológica oferece aos delinquentes, que tem uma indubitável repercussão socioeconômica, e nos que são considerados setores poderosos da sociedade, como é o caso da lavagem de dinheiro, as fraudes financeiras ou os atentados contra a propriedade intelectual e industrial, entre outros casos.[104] Entretanto, podemos facilmente concordar que o núcleo das intervenções policiais se concentra em dois fenômenos delitivos já tradicionais, o terrorismo e o narcotráfico, aos quais se uniram recentemente outros tráficos ilícitos, entre os quais merece especial menção o tráfico de seres humanos em suas diferentes variantes. No entanto, nenhum deles parece ser consequência direta das oportunidades e dos benefícios que pode proporcionar a nova sociedade tecnológica, nem que sejam levados a cabo de forma majoritária pelos setores sociais privilegiados da sociedade.[105]

---

[102] É mérito de Silva Sánchez/Felip Saborit/Robles Planas/Pastor Muñoz.(2003): 113 e ss. ter estabelecido com nitidez os três grandes grupos de criminalidade que se uniram aos originais conteúdos da expansão do direito penal. Servi-me de sua tricotomia, por mais que, como é fácil perceber, não compartilhe de muitas de suas valorações.

[103] Basta assinalar que a Convenção das Nações Unidas contra a delinquência organizada transnacional de 2000 tampouco os menciona e se limita a precisar que deve ser entendida como "grupo delitivo organizado" ou como "grupo estruturado", entre outros conceitos. Ver o art. 2 da Convenção mencionada, em Nações Unidas. Assembleia Geral A/RES/55/25. Destacamos este fato em Díez Ripollés/Gómez Céspedes/Prieto del Pino/Stangeland/Vera Jurado (2004): 30-32.

[104] As condutas de corrupção administrativa ou empresarial também podem responder a essas características, ainda que suas possibilidades de comissão sejam muito variadas e nem sempre precisem de uma séria estrutura organizativa por trás. Os comportamentos de produção e difusão de pornografia infantil mostram uma limitada estrutura organizativa, mas não parecem ter uma relevante repercussão socioeconômica nem que, precisamente por isso, tenham atraído, na maior parte dos casos, a atenção de setores sociais poderosos.

[105] Quanto ao narcotráfico, convém recordar que sua atual capacidade organizativa e transcendência socioeconômica derivam em boa parte dos efeitos da proibição – algo reconhecido pela própria ONU no Preâmbulo da Convenção de 1988 –, ver Convenção das Nações Unidas sobre o tráfico ilícito de entorpecentes e substâncias psicotrópicas. Isso não impediu, no entanto, que a eficácia das intervenções penais siga limitada aos níveis baixos e médios do tráfico. Sobre a improcedência de incluir os delitos relacionados com drogas entre a delinquência dos poderosos, ver o mencionado na nota 6 do Capítulo II.

O quadro do que significa hoje em dia a delinquência organizada se completa com a obrigatória referência à desvalorização que o conceito está sofrendo e que pode conduzir, como já mencionamos,[106] a que passe a ser uma categoria delitiva cada vez mais focada e aplicada às associações delitivas próprias da delinquência comum.[107]

Um segundo bloco de condutas é constituído pela *delinquência grave de natureza violenta ou sexual*. Aqui nos movemos pelo campo da delinquência mais tradicional, a que afeta bens jurídicos individuais básicos, como a vida e a integridade pessoal, a liberdade ou a liberdade sexual, inclusive as subtrações violentas de patrimônio. Parece claro que neste grupo de condutas já foram perdidas com nitidez as referências ao original conceito de expansão, aquele que pretendia atender às novas formas de criminalidade inerentes à sociedade tecnológica e globalizada. Trata-se, nada mais nada menos, de intensificar intervenções penais no núcleo da delinquência clássica. E fazê-lo no setor da criminalidade no qual, com toda probabilidade, mais ocorreu o estranhamento entre vítima e delinquente, no qual se atribui ao delinquente mais conotações de afastamento, de indiferença, frente ao resto dos cidadãos que não o reconhecem como um dos seus. E isso derrubou boa parte das certezas anteriores: as reações penais já não os intimidam suficientemente, a ressocialização não funciona com tais indivíduos, somente a inocuização, o isolamento de tais pessoas oferece perspectivas de êxito.[108]

O terceiro bloco de comportamentos que a nova expansão securitária contém supõe já o declínio da *criminalidade da marginalidade e da exclusão social*. Trata-se da delinquência habitual de menor importância, que concentra suas ofensas nos delitos e infrações patrimoniais, com cujos benefícios esperam obter as oportunidades vitais que, em geral, a sociedade não lhes oferece ou que, no melhor dos casos, não aproveitaram. A ampliação punitiva neste âmbito volta a estar muito distante do original conceito de expansão, ainda que neste caso não se

---

[106] Ver o mencionado um pouco acima.

[107] O art. III-172 do projeto de Tratado pelo qual se institui uma Constituição para a Europa enumera, entre os âmbitos delitivos que poderiam ser objeto de leis marco europeias que fixem normas mínimas, a delinquência organizada, âmbito que, no entanto, diferencia-se do terrorismo, tráficos ilícitos de pessoas, drogas ou armas, lavagem de dinheiro, corrupção, falsificação de meios de pagamento e delinquência informática. Ver, no mesmo sentido, o amplo elenco de delitos que o art. 282 bis da LECrim inclui entre os que podem dar lugar à delinquência organizada, com fins de autorizar agentes infiltrados. Reportam-se, em contextos próximos, à inatividade ou inoperância legislativa e judicial no âmbito da delinquência de colarinho branco, especialmente a socioeconômica, percebida nos últimos tempos, entre outros, González Cussac (2003): 17-18; Terradillos Basoco (2004): 234-236.

[108] Ver Silva Sánchez/Felip Saborit/Robles Planas/Pastor Muñoz (2003): 121-124.

trate simplesmente de intensificar reações penais já existentes sobre condutas delitivas bem conhecidas, já que adicionalmente se percebem fortes tendências a estender as atuações policiais e judiciais, em especial por meio da ideia de periculosidade, a novos comportamentos até agora não apenados, a condutas antissociais vistas como o terreno fértil da delinquência. Este bloco da nova expansão exemplifica como nenhum outro a derivação autoritária da política criminal: a sociedade não está disposta a assumir quaisquer responsabilidades pelo surgimento deste tipo de delinquência, a ênfase, como veremos em seguida, é colocada nos sintomas, e não nas causas da criminalidade, e o controle penal adquire primazia sobre qualquer outro tipo de política social ou jurídica. Não para por aí, pois no marco da intervenção penal é a polícia, não a jurisdição, e dentro desta última os promotores e não os juízes, os que devem tomar a iniciativa: é o momento dos juízos rápidos e das conformidades.[109]

3. A relação entre indivíduo e sociedade na gênese e abordagem da delinquência

Um componente significativo da modificação do marco analítico que viemos considerando tem a ver com uma nova relação que se estabelece entre indivíduo e sociedade na hora de explicar a delinquência e, sobretudo, na hora de afrontar sua prevenção. O veículo transmissor dessa nova aproximação analítica pode ser qualificado como a *ideologia da distribuição ou divisão de riscos* entre indivíduo e sociedade.

Torna-se quase desnecessário recordar que os riscos de que estamos falando já não são os riscos tecnológicos. Já nos encontramos dentro de uma política criminal que, como vimos nos capítulos anteriores, modificou substancialmente os objetos preferenciais de atenção da intervenção penal, ainda que possamos seguir falando de uma sociedade com uma elevada sensibilidade ao risco, mas ao risco da delinquência comum ou clássica, nos termos já vistos.

A ideologia a que me refiro parte do pressuposto de que indivíduo e sociedade devem compartilhar de forma razoável os riscos do

---

[109] Ver Silva Sánchez/Felip Saborit/Robles Planas/Pastor Muñoz (2003): 114-115, 118-120; Comissão das Comunidades Europeias (2004): 4-6. Também, com posição claramente crítica, Nieto Martín (2004): 220, 222; Sáez Valcarcel (2004): 3-4; Muñoz Conde (2004): 177-180. Especialmente convincente, e crítico, sobre a substituição da agenda judicial pela policial e sobre a desjudicialização a favor de polícias e promotoria, adicionando as ordens de proteção à lista de fenômenos nessa linha, Sáez Valcarcel (2004): 3-4, 6, 7-8.

delito, sem que tenha que ser a comunidade que acabe fazendo todo o esforço na prevenção da delinquência. Por indivíduo se entende, neste contexto, a pessoa que cometeu ou está prestes a cometer um delito.

A consequência desse postulado é que a sociedade rejeita responsabilizar-se pelos custos derivados dos riscos de reincidência delitiva, tanto os advindos dos delinquentes habituais, como dos que com menor intensidade criam, também, os delinquentes ocasionais. O custo desse risco deve passar integralmente ao próprio delinquente.

Tal planejamento leva a sociedade, em primeiro lugar, a ver-se desencarregada da obrigação de promover a ressocialização dos delinquentes, enquanto se encaminha primordialmente a evitar a recaída ao delito. E isso sem necessidade de se valer de argumentos ligados a sua pretendida ineficácia. Trata-se pura e simplesmente de custos que não lhe correspondem.[110] Em segundo lugar, a inocuização seletiva, isto é, aquela utilização da pena que defende que um notável incremento dos períodos de encarceramento e controle exercidos sobre os delinquentes habituais e reincidentes repercute de forma imediata, e devido a um mero efeito estatístico, nas taxas de criminalidade, parece a opção mais sensata. Tal forma de abordar a delinquência se apoia, ainda, nas bem-sucedidas experiências que as técnicas atuariais de gestão de riscos da reincidência têm obtido em outros âmbitos sociais. Em terceiro lugar, um adequado cálculo dos riscos da reincidência aconselha superar o princípio jurídico-penal da culpabilidade pelo fato, de modo a estender as intervenções sobre o reincidente para além do momento em que tenha cumprido a pena, bem como antecipá-las a períodos prévios a ela.[111]

A ideologia da distribuição de riscos entre indivíduo e sociedade é, a meu ver, um discurso que se serve de uma terminologia tecnocrática para ocultar a falta de solidariedade social que o inspira. O ponto de referência revelador de sua natureza se encontra no fato de que a sociedade não admite, ou restringe notavelmente, suas responsabilidades na gênese e abordagem da delinquência. Trata-se de mais uma mostra da consolidação dos enfoques volitivos em detrimento dos es-

---

[110] A atual polêmica sobre a procedência de implementar tratamentos para os autores de condutas de violência doméstica se move, em boa medida, sob estas coordenadas. Ver Larrauri Pijoan (2004): 359-364, 374.

[111] Uma das melhores descrições deste discurso, a partir de uma atitude, sem dúvida, compreensiva, ainda que também preocupada diante de suas possibilidades de excessos, encontra-se em Silva Sánchez. (2002):143-146, 155-159. Chamam a atenção sobre o protagonismo que está adquirindo a inocuização, entre outros, Maqueda Abreu (2003): 8, 9-10; González Cussac (2003): 24; Nieto Martín (2004): 221.

truturais na análise da delinquência, isto é, da convicção de que a criminalidade tem sua explicação na livre vontade do delinquente, e não em carências sociais que possam condicionar seu comportamento.[112]

A partir desses pressupostos, o conceito de distribuição de riscos apresenta um novo e relevante suporte argumental à cada vez mais intensa incompreensão social que suscitam os programas de ressocialização dos delinquentes. Em sentido contrário, a potencialização da inocuização, e inclusive da periculosidade, correspondem-se muito bem com a visão social predominante do delinquente, percebido como um indivíduo racional que decidiu livremente atuar de forma vantajosa na convivência social.

A adoção da atividade de seguros ou atuarial como modelo de distribuição de riscos permite que indivíduo e sociedade se vejam como meras contrapartes de um contrato em que nenhuma delas tem que, aparentemente, responder por circunstâncias prévias favorecedoras do risco. Na prática, no entanto, a sociedade se exime de ocupar-se das privações sociais que, com seu funcionamento, fez aparecer em certos indivíduos ou setores sociais, e o indivíduo é deixado apenas com sua personalidade e forma de vida, que aparecem descontextualizadas e passam a ser as únicas destinatárias das reprovações sociais.

Junto ao pano de fundo ideológico e político que acabamos de mencionar, o conceito de distribuição de riscos mostra algumas incoerências que convém destacar:

Antes de tudo, chama a atenção que sejam precisamente os delinquentes habituais os que devem assumir os custos de sua delinquência, com a sociedade mostrando-se menos relutante a se encarregar da delinquência ocasional; um modo de raciocinar verdadeiramente atento à eficiência social deveria propor que os esforços e pressupostos dos órgãos de controle social se concentrassem nos delinquentes habituais, aqueles cuja atuação está mais condicionada por fatores sociais que eles por si só são incapazes de superar, enquanto que foram os delinquentes ocasionais, dadas suas condições sociais prévias favoráveis, os que tiveram que arcar com os custos do seu delinquir.

Por outro lado, não deixa de ser surpreendente que, em uma aproximação político-criminal tão pendente de uma eficiente designação de recursos, fiquem em um segundo plano os custos da inocuização e da revitalização da periculosidade. Para ninguém é segredo os elevados gastos que uma política criminal de isolamento e segregação

---

[112] Já vimos no Capítulo III certos fatores que primam na atual política criminal pelos enfoques volitivos em detrimento dos estruturais.

sociais de boa parte dos delinquentes gera, não somente em termos de recursos materiais e humanos para sua manutenção, mas também em outros investimentos sociais como o emprego, a capacitação profissional e a saúde, sem que faltem exemplos muito significativos para demonstrá-lo.[113]

4. A contraposição entre indivíduo e cidadão no desenho da política criminal

Um novo avanço na configuração das bases analíticas do modelo penal da segurança cidadã se alcança mediante a introdução da distinção entre quem merece, ou não, ser considerado cidadão de uma determinada comunidade. Uma vez que se tenha conseguido situar a discussão sobre os conteúdos de intervenção do moderno direito penal no marco da expansão securitária e se tenha defendido um relevante deslocamento dos objetivos de prevenção da delinquência desde a sociedade ao próprio delinquente, chega-se ao momento de degradar o delinquente para poder, assim, justificar o rigor das intervenções penais pretendidas. Em todo caso, deve ser uma degradação que não despoje o delinquente de sua capacidade para atuar livre e racionalmente, qualidades ambas, como já sabemos, que constituem pressupostos das sequências analíticas precedentes.

Sem dúvida, foi Jakobs quem, após uma evolução significativa de seu pensamento,[114] formulou na política criminal moderna a mais completa contraposição entre cidadão e indivíduo, com dois corolários transcendentais para nosso propósito, o de que o indivíduo que se mostra perigoso deve ser tratado como inimigo social, e o de que certos delinquentes pertencem a essa categoria de inimigos da sociedade.

Sem poder deixar passar as inquestionáveis raízes funcionalistas de sua construção, que se resumem na constatação de que o conceito de pessoa não é um originário, mas um que resulta atribuído ao indivíduo como produto da comunicação dentro do sistema social,

---

[113] Ver a informação fornecida por Wacquant (2001): passim, com especial referência aos Estados Unidos.

[114] Os três marcos mais relevantes ao tema em análise podem ser considerados suas obras "Criminalización en el estadio previo a la lesión del bien jurídico" (1997), publicada originalmente em 1985; "Das Selbstverständnis der Strafrechtswissenschaft vor den Herausforderungen der Gegenwart". (2000), exposta pela primeira vez em 1999; "Derecho penal del ciudadano y derecho penal del enemigo". (2003), que é sua última postura e à qual se seguirá mais de perto na exposição do texto. Ver referências à sua evolução em Cancio Meliá (2003): 60-61, 79-80, 85-86; Portilla Contreras (2004): 43-44; Gómez Martín (2004): 82-84.

atribuição que dependerá do grau de satisfação das expectativas normativas que esteja o indivíduo em condições de prestar,[115] parece-me significativo ressaltar que em suas últimas exposições procurou complementar essa aproximação metodológica com outra de origem mais político-jurídica. Para isso, serviu-se de algumas das formulações jusfilosóficas mais conhecidas do contrato social, as quais lhe permitem, a seu ver, fundamentar a distinção entre pessoa/cidadão de um lado, e indivíduo/inimigo de outro: assim, sem necessidade de chegar à contundência de Rousseau ou Fichte, para quem todo delinquente é um inimigo que perde os direitos obtidos em virtude do contrato social, considera razoável a postura de Hobbes e Kant, que consideram que se deve privar do status de cidadão todo aquele que demonstre uma tendência a persistir no delito.[116]

Seja como for, o certo é que Jakobs sustenta que o direito penal que conhecemos seja dirigido a cidadãos, isto é, àqueles indivíduos a respeito dos quais existe uma expectativa de comportamento pessoal, determinado pelos direitos e deveres vigentes na sociedade e com uma atitude de fidelidade ao ordenamento jurídico. A pena, no caso de estes cidadãos defraudarem a expectativa normativa, tem a função de reafirmar a vigência da norma infringida, confirmando, assim, a identidade social; os efeitos preventivos ou motivadores de futuros comportamentos lhe são alheios ou, ao menos, secundários. Entretanto, para que alguém seja tratado como cidadão, é preciso que corrobore, por meio de seu comportamento habitual, que se atém às expectativas normativas anteriormente citadas, isto é, que ofereça garantias de que procede normalmente assim. Se esse for o caso, a realização ocasional de um delito por sua parte não o priva de sua condição de cidadão, e a pena que lhe é imposta desempenhará a função acima mencionada.

Ao contrário, existem indivíduos que, devido a sua atitude pessoal, a seus meios de vida, a sua incorporação a organizações delitivas ou a outros fatores, mostram de maneira reiterada e duradoura sua disposição a cometer delitos, defraudando, assim, persistentemente, as expectativas normativas formuladas pelo direito, por não satisfazerem as garantias mínimas de comportamento de acordo com as exigências do contrato social. Tais indivíduos não podem ser considerados pessoas nem cidadãos, são inimigos da sociedade que devem ser excluídos dela. O direito penal regente para eles deve ser substancialmente distinto do vigente para os cidadãos, deve ser militante,

---

[115] Talvez a formulação mais plena da perspectiva funcional na distinção entre indivíduo e pessoa, em termos jurídico-penais, esteja em Jakobs (1996): 19-25, 35-38, 47-62.

[116] Ver esta fundamentação em Jakobs (2003): 25-33 e confrontar com a que havia feito em (2000): 50-54.

direcionado para a neutralização de sua periculosidade, e no qual as garantias são reduzidas, e a pena já não busca reafirmar a vigência da norma, mas assegurar a manutenção desses indivíduos isolados da sociedade.

Jakobs estima que nichos sociais de surgimento de inimigos dentro da sociedade do risco se encontram de forma predominante na criminalidade econômica, no terrorismo, no narcotráfico e na delinquência organizada em geral, na delinquência sexual ou outras condutas perigosas similares, na delinquência habitual e, em geral, em toda a delinquência grave. Tais âmbitos delinquenciais deveriam, pois, ser tratados de acordo com as pautas desse direito penal de inimigos, e não de cidadãos.[117]

A elaboração conceitual desenvolvida por Jakobs[118] constitui um novo e significativo progresso na consolidação de atitudes sociais de incompreensão em torno da delinquência, de isolamento social do delinquente, o qual, agora, em determinadas circunstâncias, se vê privado de seu caráter de cidadão e até mesmo de pessoa, para converter-se em inimigo da sociedade. Desta maneira, não somente ficaram definitivamente abandonados os enfoques estruturais sobre a criminalidade, mas também as aproximações securitárias, como a de distribuição de riscos entre sociedade e cidadão sofrem perdas de legitimação, dado que resulta cada vez mais difícil justificar que a sociedade deva compartilhar algo, deva acordar qualquer divisão de riscos com quem é seu inimigo. A meta é assegurar a exclusão de certos delinquentes da sociedade.

Quando alguém se pergunta quem são esses indivíduos aos quais se quer manter à margem da sociedade, percebe-se, ainda, embora ocasionalmente, a retórica da sociedade do risco,[119] mas fica evidente que estamos já em um contexto distinto. É fácil notar como as áreas de intervenção se correspondem quase totalmente com as que já vimos, que são objeto de atenção preferido dentro da expansão securitária. No entanto, a contribuição fundamental que a distinção entre cidadão e inimigo faz a essa expansão não reside na coincidência dos setores

---

[117] Ver Jakobs (2000): 49-53; (2003): 13-15, 23-25, 33-43, 47, 51, 55-56.

[118] Não pretendo, a seguir, realizar uma crítica dos pressupostos teóricos que fundamentam a construção de Jakobs. Meu objetivo se limita a analisar criticamente as implicações imediatas que sua proposta tem na consolidação do modelo penal da segurança cidadã. Ver, recentemente, na doutrina espanhola, uma abordagem mais básica, com referências bibliográficas adicionais em Cancio Meliá (2003): 78 e ss; Portilla Contreras (2004): 43 e ss., em especial 45-49; Muñoz Conde (2004): 170-175; Gómez Martín (2004): 84-87.

[119] Ver referências nesse sentido de Jakobs, em direta relação com a construção do direito penal do inimigo, em (2000): 50, 53.

preferidos de intervenção penal, mas em algo mais transcendente e que já havia sido apontado pela ideologia da distribuição de riscos.

Trata-se da estruturação do direito penal a partir da pessoa do delinquente, e não a partir do fato danoso cometido, de uma nova e reforçada legitimação, em definitivo, do direito penal do autor.[120] De fato, o ponto de referência fundamental na hora de distinguir entre as duas formas de intervenção penal propostas passa a ser uma atitude persistente de desapego, de distanciamento, em relação à ordem sociojurídica dentro da qual o indivíduo se desenvolve. O efeito ampliador frente às análises anteriores reside no fato de que já não é imprescindível a contumácia no delito, a habitualidade ou reincidência delitivas. Embora essa seja uma condição de frequente concorrência,[121] o peculiar agora é que basta uma atitude permanente de desprezo para com a ordem jurídica e a disponibilidade para infringi-la. Como consequência, o incipiente direito penal do autor que havia suposto, sem dúvida, a solidificação do critério de distribuição de riscos sobre a qualidade de delinquente reincidente ou habitual, fica agora decisivamente potencializado mediante esta transcendente ampliação dos sujeitos submetidos ao novo direito penal.

As duas contribuições essenciais do direito penal do inimigo ao novo modelo penal de segurança cidadã, isto é, a degradação do delinquente a inimigo e a expansão da intervenção penal por razões pessoais e não fáticas, não comportam, além disso, a mais leve modificação nos usos da pena que têm se mostrado consubstanciais ao modelo securitário: a reafirmação da vigência da norma fica, por definição, excluída para os inimigos,[122] a prevenção geral termina devastada, na medida em que se reconhecer a qualquer cidadão o direito de deixar o ordenamento jurídico, adquirindo um novo "status" que, somente em caso de descoberta de suas atividades, pode ser-lhe des-

---

[120] Manifestou-se nitidamente assim Cancio Meliá (2003): 88-89, 100-102.

[121] Creio que se pode afirmar que uma leitura cuidadosa de Jakobs (2000) e (2003), passim, mostra que sua construção do direito penal do inimigo não se edifica sobre o delinquente reincidente ou habitual, mas sobre o indivíduo que rejeita de forma persistente o ordenamento jurídico e mostra, assim, sua disponibilidade para delinquir, talvez representada já em algum comportamento delitivo. Isso não impede que, em algumas poucas passagens, tenda a se referir à habitualidade delitiva.

[122] O que não deixa de ser uma incongruência a respeito de alguns dos setores de criminalidade incluídos no direito penal do inimigo, como é o caso da delinquência terrorista ou dos tráficos ilícitos desde o mundo subdesenvolvido ao desenvolvido. Assumindo uma ideia manifestada por Cancio Meliá (2003): 94-100, pode-se dizer que em hipóteses como estas se percebe que estamos diante de configurações sociais de importância relevante, mas com uma legitimação problemática ou questionada, isto é, diante de âmbitos de identidade social sensíveis, e o que aconteceria em tais casos é justamente utilizar a pena em sua função de reafirmação da vigência da norma, que é precisamente o que se descarta nas atuações próprias do direito penal do inimigo.

favorável,[123] e parece claro que não destina meios pessoais ou materiais à ressocialização dos inimigos. De novo, pois, apostam-se todas as cartas na inocuização ou intimidação individual.[124]

Capítulo VI – A recepção doutrinária do modelo penal da segurança cidadã

Concluído o estudo crítico do marco analítico doutrinário que pretende dotar de fundamento o modelo penal da segurança cidadã, chegou a hora de ocuparmo-nos das específicas propostas da doutrina que concretizam as linhas que deveria possuir esse direito penal, cujo objetivo primordial estaria em satisfazer as demandas sociais de segurança cidadã.

Vou enumerar três propostas que se sobrepõem em grande parte, mas cujas peculiaridades merecem ser salvaguardadas para obter, assim, uma visão mais completa e matizada do fenômeno.

---

[123] Ver o mencionado no Capítulo IV, item 2. Chamaram a atenção sobre a improcedência de outorgar a competência normativa a cada cidadão Cancio Meliá (2003): 98-100; Laurenz Copello (2003): 455-456. Torna-se evidente, em qualquer caso, que o cidadão não poderá dispor, na prática, da distinção entre cidadão e inimigo, pois serão as instâncias de controle social que determinarão, à margem de atitudes pessoais, quem merecerá a qualificação de inimigo, e que deverá contar com previsíveis abusos nessa limitação. Ver a respeito Muñoz Conde. (2003); (2004): 172-174; Portilla Contreras. (2004): 45.

[124] Ver críticas adicionais à tese de Jakobs no Capítulo IV, item 2. Na doutrina espanhola, Zugaldía Espinar (2004): 1130-1133 considerou que a distinção entre pessoa e indivíduo introduzida por Jakobs não tem repercussões práticas, tanto mais se levarmos em conta que esse mesmo autor deslegitima o direito penal do inimigo, enquanto estima que diante do inimigo nem tudo está permitido. Uma proposta de configuração de duas classes de direito penal, baseada na natureza diversa dos delinquentes, formulou recentemente na Espanha, Bueno Arús (2003): 75, 82-84, 109-110: segundo este autor, devem receber um tratamento diferenciado a delinquência por necessidade, por frustração ou por falta de oportunidades sociais, e aquela outra que é delinquência por abuso, por prepotência ou gratuita. Se no primeiro grupo se encontrariam "a imensa maioria dos delinquentes, dos jovens, dos réus de delitos menos ofensivos, em especial contra a propriedade", no segundo entrariam terrorismo, crimes internacionais, assassinatos e violações desnecessários ou não provocados, delinquência de colarinho branco, tráfico de drogas e pessoas, roubos muito violentos... Pois bem, para a delinquência do primeiro grupo aplicar-se-ia um direito penal centrado na ressocialização, enquanto o outro bloco delinquencial deveria ser abordado mediante sua inocuização. As concomitâncias com a proposta de Jakobs que acabamos de estudar saltam aos olhos. No entanto, e sem prejuízo do global juízo negativo que merece, entre outras razões, pela demonização que faz de certo tipo de delinquência, a ideia de perspectivas próprias do direito penal do autor e a abertura a intervenções penais desmesuradas nesse setor delinquencial – ver abaixo –, convém ressaltar a manutenção por este penalista de um enfoque estrutural a respeito de um significativo setor da criminalidade, sem dúvida o mais numeroso quantitativamente, e sua consequente demanda de esforços ressocializadores nesse âmbito. Se me permitirem uma expressão um tanto cúmplice, digamos que supõe um inaceitável direito penal do inimigo com uma melhor identificação de quem é o inimigo.

1. O direito penal do inimigo

A autonomia conceitual que a distinção entre cidadão e indivíduo outorgou a certos delinquentes, considerados inimigos sociais, e às atividades ilícitas que realizam, transfere-se de forma imediata a uma determinada estrutura jurídico-penal. A ideia motriz de todas as modificações que se propõem ou se avalizam para esse direito penal de inimigos gira em torno da ideia da periculosidade de tais delinquentes, e do seu conseguinte corolário de que não se deve esperar a produção de um dano ou o surgimento de um perigo identificável para intervir penalmente.[125]

No plano material, isto supõe, antes de tudo, dar o aval da ciência jurídico-penal, sob a qualificação de legislação de guerra ou de emergência, para as numerosas iniciativas legislativas que, em âmbitos muito diversos, mediante modificações do Código Penal ou a aprovação de leis penais especiais, deram corpo à chamada expansão securitária.[126] Em sentido mais específico, considera-se oportuno prosseguir com a antecipação da punição em fases distantes da comissão do delito, como a conspiração ou o mero pertencimento a organizações criminais, cujas penas deverão ser equiparáveis às das intervenções posteriores mais próximas à conduta lesiva ou perigosa.[127] Defende-se igualmente um decidido aproveitamento dos efeitos inocuizadores da pena, cujo fim deve proceder a uma generalização e a um incremento substancial das penas de prisão; seu cumprimento deve ter restringida ao máximo a obtenção de benefícios penitenciários, para prevenir a redução de sua duração ou a progressão do regime de cumprimento.[128]

Simultaneamente, deverão ser potencializadas medidas sancionadoras especificamente destinadas a combater a periculosidade para além do que possa fazê-lo a própria pena. Defende-se a revitalização de um direito de medidas assecuratórias para este tipo de delinquentes, com a volta da acumulação e do cumprimento sucessivo de pena e medida, e a potencialização dos internamentos de segurança antes e depois do cumprimento da pena.[129]

---

[125] Ver Jakobs (2003): 14, 23-24, 32-33, 40, 42-43.

[126] Ver Jakobs (2000): 51-52, (2003): 38-40; Bueno Arús (2003): 83, 109.

[127] Ver Jakobs (2000): 51; (2003): 40, 43.

[128] Ver Jakobs (2003): 23-24; Bueno Arús (2003): 83-84.

[129] Ver Jakobs (2003): 14, 23-24, 32-33, 38; Bueno Arús (2003): 75. Destaca como o direito penal do inimigo desenvolve uma forte tendência para sua conversão em um direito de medidas e não de penas, Silva Sánchez (2001): 164-165; ver também abaixo o item 3.

Mas é, sem dúvida, no âmbito do processo penal que o direito penal do inimigo concentra seus esforços, e não somente por meio da preconizada maior facilidade de imposição da prisão preventiva, estreitamente relacionada com a potencialização do direito de medidas anteriormente mencionado, mas também mediante uma panóplia de propostas que desmontam, sem a menor cerimônia, o direito penal garantista: facilitação de controles corporais, de intervenção de comunicações ou de intromissão em âmbitos privados sem controle judicial ou com fracos controles, uso generalizado de agentes infiltrados, prolongação dos períodos de incomunicabilidade, restrições do direito de não autoincriminação, limitações do direito de defesa, reconsideração da nulidade da prova obtida ilicitamente, etc.[130]

Finalmente, há dois motivos que poderíamos chamar de conjunturais ou de oportunidade que reforçam todo o esforço precedente: o primeiro constata a pressão da sociedade e de diversos subsistemas do sistema social, singularmente o econômico e o político, para que o sistema penal seja eficaz e efetivo, além de eficiente, na luta contra essa delinquência, assim como suas claras advertências de que, se a ciência jurídico penal não o adapta a tais exigências com a configuração de um direito penal de guerra, o direito penal que conhecemos e as estruturas conceituais que o formam estão condenadas à irrelevância.[131] O segundo chama atenção para o fato de que unicamente se forem atendidas tais demandas, conseguir-se-á impedir a contaminação do direito penal do cidadão com os conteúdos do direito penal do inimigo, algo que já se produziu em certos âmbitos, como é o caso da cada vez mais extensiva punição de numerosos atos preparatórios. Ademais, se a ciência penal tomar para si essa tarefa, terá ocasionalmente que estabelecer certos limites para esse novo direito penal, limites que devem prevenir frente a uma renúncia generalizada de sua parte aos princípios do direito penal garantista.[132]

2. O direito penal da terceira velocidade

O que Silva Sánchez denominou de direito penal da terceira velocidade constitui uma proposta político-criminal facilmente vin-

---

[130] Ver Jakobs (2000): 52; (2003): 43-46. Ver, da mesma forma, a detida exposição que Portilla Contreras (2004): 43, 45-49 realiza das consequências que discípulos ou seguidores de Jakobs utilizam no campo processual penal a partir das teses do direito penal do inimigo.

[131] Ver Jakobs (2000): 49, 53-54.

[132] Ver Jakobos (2003): 22, 33, 46, 48-50, 56. Também Bueno Arús (2003): 84, 109-110. Ver outras descrições na doutrina do direito penal do inimigo de Jakobs em Mendoza Buergo (2002): 311-312; Cancio Meliá (2003): 79-81; Portilla Contreras (2004): 43-45; Gómez Martín (2004): 82-84, entre outros.

culável ao conceito de direito penal do inimigo analisado no subtítulo anterior, algo de que está consciente seu próprio criador.[133] No entanto, seria equivocado passar por alto algumas características relevantes:

A primeira delas reside no fato de que essa terceira velocidade exasperadora da intervenção penal em certos âmbitos sociais se produz dentro de um discurso sobre o direito penal da sociedade do risco que acaba de propor para as novas formas de delinquência ligadas à sociedade tecnológica e à criminalidade dos poderosos uma retirada significativa da intervenção penal. Essa retirada, concretizada no direito penal da segunda velocidade, deverá possibilitar que, no lugar de uma flexibilização das garantias – aliás, escassamente precisada –, seja retirada do catálogo de penas previstas para tais comportamentos a pena de prisão.[134]

Que o direito penal da terceira velocidade foi pensado para uma criminalidade muito distinta se confirma facilmente quando se atende às áreas preferentes de intervenção desse direito penal mais rigoroso: antes de tudo, seu defensor toma especial cuidado ao excluir expressamente a delinquência socioeconômica da influência dessa terceira velocidade punitiva, já que aquela seria um setor da criminalidade que pertenceria à suavizada segunda velocidade ou, antes ainda, à primeira.[135] Neste novo direito penal se integrariam, pelo contrário, a delinquência patrimonial profissional, a delinquência sexual violenta ou reiterada, a criminalidade organizada,[136] o narcotráfico, a criminalidade de Estado e o terrorismo.[137]

A segunda ideia relevante tem a ver com o relativo distanciamento da ideia motriz de luta contra a periculosidade do indivíduo

---

[133] Ver Silva Sánchez (2001): 163-165. Cancio Meliá (2003): 79-83 chama claramente a atenção sobre a semelhança. Pelo contrário, Gómez Martín (2004): 83 considera que a terceira velocidade de Silva se aproxima somente à primeira e limitada postura de Jakobs sobre o direito penal do inimigo formulada em 1985.

[134] E isso uma vez que se tenham esgotado as possibilidades do direito administrativo sancionador. Ver acima, no Capítulo IV.

[135] Ver Silva Sánchez (2001): 163.

[136] O autor, junto com outros autores, além de ter a impressão de que a delinquência organizada se converteu em uma companheira de viagem circunstancial do terrorismo na hora de ser objeto de determinadas decisões político-criminais rigorosas, tem sérias dúvidas de que esse direito penal reforçado chegue à autêntica delinquência organizada, temendo que incida exclusivamente sobre a criminalidade patrimonial comum que se serve de certa organização. Ver Silva Sánchez/Felip Saborit/Robles Planas/Pastor Muñoz (2003): 127, 128, 130-131.

[137] Ver Silva Sánchez (2001): 163, 165; Silva Sánchez/Felip Saborit/Robles Planas/Pastor Muñoz (2003): 133-134.

que caracteriza o direito penal do inimigo.[138] Sem, claro, renunciar a ela,[139] o direito penal da terceira velocidade introduz, como motivos determinantes de sua existência, por um lado, a conveniência de reagir energicamente frente a condutas especialmente graves por supor uma negação frontal aos princípios políticos ou socioeconômicos básicos do nosso modelo de convivência e, por outro lado e em estreita relação, a necessidade de assegurar a efetividade da reação penal a essas condutas, superando as dificuldades adicionais de persecução e prova que apresentam. É, portanto, a destacada lesividade destes comportamentos que explicam que a sociedade, nestes casos, esteja disposta a renunciar a certos níveis de liberdade em troca de reforçar a segurança.[140]

Com essas ressalvas, as propostas de estruturação do direito penal da terceira velocidade pouco diferem das do direito penal do inimigo: também é dada por inevitável e assumível a criação de um novo direito penal com essas características,[141] e a atenção é concentrada em tornar menos rígidas as regras de imputação de responsabilidade, em antecipar a intervenção penal para fases prévias à execução e inclusive à preparação do delito, no incremento das penas de prisão e na eliminação ou redução das garantias penais e processuais em geral.[142]

Cabe destacar em Silva Sánchez uma reiterada preocupação com os abusos que o uso normalizado do direito penal da terceira velocidade pode gerar: tal inquietude o leva, em primeiro lugar, a insistir em seu caráter excepcional, tanto no que diz respeito aos setores sociais abarcados, como no que concerne a seu período de vigência. Em segundo lugar, estima ser necessário impor limites a seus conteúdos, que devem ser inspirados particularmente no princípio da proporcionalidade, sem esquecer a comprovação de sua necessidade, eficácia e respeito ao princípio da subsidiariedade. Por último, deve-se prevenir a contaminação do direito penal normal, o da primeira velocidade, por este direito penal guerreiro.[143]

---

[138] Ver acima, no item anterior.

[139] Provavelmente porque lhe concede autonomia suficiente para desenvolver um novo enfoque político-criminal dirigido em boa parte a outro tipo de delinquência. Ver Silva Sánchez (2001): 164-165 e, abaixo, no item seguinte.

[140] Ver Silva Sánchez (2001): 165-166. Em estreita relação com a violência política, ver uma postura similar em Benlloch Petit (2003): 221-223.

[141] Ver Silva Sánchez (2001): 166.

[142] Ver Silva Sánchez (2001): 163-166.

[143] Ver Silva Sánchez (2001): 163-164, 166-167; Silva Sánchez/Felip Saborit/Robles Planas/Pastor Muñoz (2003): 130-133, nesta última obra com um enfoque notavelmente mais restritivo.

3. A reconstrução do direito da periculosidade

A primazia outorgada no discurso da segurança cidadã à periculosidade do delinquente, assim como a relevância obtida por ideias como a gestão administrativa dos riscos ou a distribuição de riscos entre sociedade e indivíduo,[144] tornavam facilmente previsível a reativação das propostas doutrinárias partidárias do direito de medidas de segurança. Este vinha perdendo paulatinamente peso nos ordenamentos jurídicos modernos, do qual é um dos exemplos mais significativos o novo Código Penal espanhol de 1995, e as preocupações securitárias assumirão sua reafirmação. No entanto, este novo direito da periculosidade apresenta alguns perfis que o diferenciam em aspectos importantes em relação ao que tinha sido desprezado há pouco tempo.

Antes de tudo, a característica relevante dos indivíduos objeto de sua atenção não é a presença neles de certas carências pessoais ou sociais, mas simplesmente sua qualidade de geradores de insegurança cidadã. Isso o faz centrar-se em dois grandes grupos de delinquentes: de um lado, aqueles que realizam uma delinquência sentida como especialmente grave, particularmente a delinquência violenta e a sexual; de outro, os delinquentes reincidentes ou habituais, entre os que ocupam um lugar preferente os autores da criminalidade leve patrimonial.[145]

Em segundo lugar, este direito da periculosidade renuncia com gosto à obtenção de um *status* autônomo, em troca de permear com seus conteúdos outros setores jurídicos bem consolidados. Esse é, claramente, o caso do direito penal e do direito penitenciário, mas também do direito processual penal – prisão preventiva –, de determinados âmbitos do direito administrativo – dever de órgãos das comunidades autônomas de publicar listas de delinquentes sexuais – e do direito civil – medidas cautelares de natureza civil no âmbito doméstico. Deste modo, amplia notavelmente seu alcance sem necessidade de envolver-se em complicadas questões sobre a legitimidade de sua autonomia.[146]

Em terceiro lugar, entre suas metas, desapareceu quase totalmente a de corrigir ou ressocializar o delinquente, sendo a inocuização,

---

[144] Ver acima.

[145] Ver Silva Sánchez (2002): 156, 159; Silva Sánchez/Felip Saborit/Robles Planas/Pastor Muñoz (2003): 118, 122-124.

[146] Ver Silva Sánchez (2002): 157; Silva Sánchez/Felip Saborit/Robles Planas/Pastor Muñoz (2003): 123.

dentro ou fora da prisão, o objetivo que marca em todo momento seu proceder. Incorpora-se com fluidez, deste modo, às correntes aludidas nos dois capítulos anteriores, às quais fornece uma valiosa reconversão de um setor de intervenção promissor.[147]

De suas propostas mais significativas cabe mencionar: a *reintrodução das medidas de segurança pré-delitivas*, as quais reivindica teoricamente e cuja existência material, ainda que não formal, recorda que essa seria a autêntica natureza, por exemplo, dos pressupostos de prisão preventiva para delinquentes habituais ou agressores, ou das medidas cautelares civis e penais para estes últimos;[148] e a *acomodação dos substitutos penais e do regime penitenciário* aos prognósticos de periculosidade, o que deve repercutir, se já não o fez, no endurecimento do sistema de prova de condenação e liberdade condicionais, na progressão gradual durante a execução penal e nos benefícios penitenciários.[149] *Reinstalação do sistema de acumulação de pena e medida*, frente ao já consolidado sistema vicarial, o que abre espaço, dessa forma, à *imposição de medidas permanentes ou de longa duração* para o cumprimento e cancelamento da pena e, eventualmente, da medida de segurança: estas medidas, ou como se queira chamá-las, abarcam desde liberdade vigiada com periódicos controles policiais, sociais ou sanitários, até a publicação ou disposição de qualquer informação sobre seu prévio comportamento delitivo, durante prazos que podem estender-se, inclusive, durante toda a vida do condenado.[150]

Esta revitalização do direito da periculosidade exige, indubitavelmente, questionar sua atual configuração em ordenamentos como o espanhol: a primeira decisão legislativa a impugnar será, sem dúvida, a que restringiu no Código Penal espanhol a imposição de medidas de segurança a inimputáveis e semi-imputáveis, com alguma

---

[147] Ver Silva Sánchez (2001): 146-147; Silva Sánchez/Felip Saborit/Robles Planas/Pastor Muñoz (2003): 122-124.

[148] Ver Silva Sánchez (2001): 147; (2002): 156; Silva Sánchez/Felip Saborit/Robles Planas/Pastor Muñoz (2003): 118-119, 120. Sobre os exemplos mencionados, ver os artigos 503 e 544, terceiro, da LECrim. Aludem a estes pressupostos de expansão da periculosidade, Silva Sánchez/Felip Saborit/Robles Planas/Pastor Muñoz (2003): 120, 124; Nieto Martín (2004): 223; Sáez Valcárcel (2004): 4-5.

[149] Ver Silva Sánchez (2002): 158; Silva Sánchez/Felip Saborit/Robles Planas/Pastor Muñoz (2003): 122-127, que mostram como as últimas reformas espanholas de 2003 atenderam quase todos esses aspectos.

[150] Ver Silva Sánchez (2001): 146-147; (2002): 156-159; Silva Sánchez/Felip Saborit/Robles Planas/Pastor Muñoz (2003): 125. Amostras na Espanha dessa evolução são, como os últimos autores citados recordam, o reformado artigo 57 do código penal, o qual oferece, com a denominação de pena, a possibilidade de prolongar as privações de direitos contidas no artigo 48, que têm uma clara finalidade inocuizadora, por um período de até 10 anos além da data de duração da pena de prisão imposta na sentença, assim como as diversas iniciativas autônomas para dar publicidade aos delinquentes sexuais e agressores.

extensão aos estrangeiros; como já se afirmou, os delinquentes graves, reincidentes ou habituais devem ser os alvos prioritários do direito de medidas. Outra decisão legislativa de grande transcendência que há de ser revogada é a que fixa o respeito ao princípio da proporcionalidade na imposição das medidas de segurança: sendo inaceitável determinar o conteúdo e a duração da medida em função dos da pena a ser imposta pelo fato cometido, como agora prescreve o Código espanhol, tampouco procederia, como defende um setor da doutrina, ater-se substancialmente em sua conformação e duração ao que derive do prognóstico de periculosidade. O critério de proporcionalidade correto deverá basear-se no conceito de distribuição de riscos entre indivíduo e sociedade, isto é, quando, ou a partir de que momento, o risco de reiteração no delito deve ser assumido pela sociedade, instante em que já não caberia a medida.[151]

Por mais que objetivamente pareça indubitável que esta potenciação do direito da periculosidade constitui uma abordagem que permite, no momento, fechar o círculo ideológico fundamentador do discurso da segurança cidadã, não se pode deixar de mencionar que não faltam autores que veem neste direito da periculosidade uma séria alternativa ao contínuo incremento das penas, próprio da expansão securitária.[152]

4. Crítica às propostas anteriores

O desenvolvimento das propostas do direito penal da segurança cidadã é devedor, como não poderia deixar de ser, das aproximações analíticas descritas no Capítulo VII. Assim, não cabe reproduzir críticas já formuladas nesse lugar, ainda que seja inevitável incidir sobre temas comuns.

Sendo certo que o direito penal da segurança cidadã se permite caracterizar, antes de tudo, como uma opção que prima pela racionalidade pragmática, isto é, pela eficácia e pela efetividade da intervenção penal, sobre qualquer outra consideração, não deveria passar por alto que tal preferência se apoia sobre várias decisões de natureza ética e

---

[151] Ver Silva Sánchez. (2002): 157, 158-159, que recorda o respeito meramente aparente do princípio da proporcionalidade atualmente vigente no que diz respeito aos inimputáveis, pois nada impede, após a conclusão da medida de internamento, ativar a via de internamento civil; Silva Sánchez/Felip Saborit /Robles Planas/Pastor Muñoz (2003): 118-120

[152] Ver Silva Sánchez/Felip Saborit/Robles Planas/Pastor Muñoz (2003): 121; Sanz Morán (2004): 18, 29.

teleológica prévias.[153] Todas elas poderiam, até mesmo, serem agrupadas na ideia de que estamos diante de um direito penal assentado sobre um projeto político de *consolidação das desigualdades sociais* e de *fomento da exclusão social* de certos coletivos cidadãos.[154]

A tais efeitos, e em primeiro lugar, não há dúvida em servir-se de uma visão comunitarista da sociedade. Talvez até seja injusto, ao menos no momento, equipará-la a enfoques totalitários, mas supõe, indubitavelmente, um desaparecimento de atitudes tolerantes com condutas desviadas ou simplesmente não convencionais, inerentes a toda sociedade aberta e pluralista. Nesse sentido, abre uma via para a uniformidade social e o autoritarismo.[155] Sua incapacidade para captar a complexidade das atuais sociedades plurais e as tensões sociais que implicam, essa incompreensão de um conflito social até certo ponto natural, faz com que seus esforços punitivos sejam concentrados naqueles setores sociais que são menos sensíveis às intervenções repressivas na hora de garantir que atendam às demandas a respeito da lei.

Em segundo lugar, é um direito penal que assume uma inclinação classista. De um modo insustentável ideologicamente dentro das sociedades social-democratas atuais, estabelece diferenças muito significativas entre as intervenções sociais a serem praticadas sobre as condutas lesivas dos setores socialmente poderosos, e aquelas que devem ser exercidas sobre comportamentos nocivos das classes baixas e marginais.[156] Para tanto, realiza uma análise preconceituosa da lesividade dos comportamentos a serem considerados, em virtude da qual converte a criminalidade comum em um fator desestabilizador da ordem política e social de primeira ordem, tornando-a, consequentemente, o objeto central da intervenção penal.

Em terceiro lugar, dirige-se de forma quase absoluta a restringir as oportunidades vitais dos cidadãos sujeitos, de forma direta, a suas intervenções, abandonando quaisquer pretensões de potencializar sua integração social. Assim, o prognóstico de que um sujeito realizará comportamentos delitivos no futuro, sustentado na crescente ideia da

---

[153] Emprego as referências da racionalidade ética, teleológica ou pragmática no sentido proposto em Díez Ripollés (2003): 91-98.

[154] Destacam o atentado ao princípio da igualdade que utilizam estes modelos, entre outros, Muñoz Conde (2003); Corco e Bidasolo (2004): 40.

[155] Ver diferentes considerações sobre a proximidade de algum dos modelos de segurança cidadã às concepções autoritárias e, ainda, totalitárias em Maqueda Abreu (2003): 11; Landrove Díaz (2003): 1926; Muñoz Conde (2003); (2004): 172-174, 176; Gómez Martín (2004): 84; Martínez-Buján Pérez (2004).

[156] Ver, entre outros, Corco e Bidasolo (2003): 29, 40, com referências ao surgimento de "cidadãos de terceira"; Muñoz Conde (2004): 182; García-Pablos Molina (2004): 408-409.

periculosidade, deixou de desencadear uma imbricação multifacetada da sociedade na prevenção da materialização desse prognóstico, para converter-se no instrumento com o qual se produz o deslocamento da perspectiva da inclusão social para a da exclusão social: a qualidade de perigoso determina o momento em que os custos da prevenção da delinquência recaem, substancialmente, sobre o indivíduo, e não sobre a sociedade.

Ademais, estão ainda *por demonstrar a eficácia e a efetividade* que estes modelos de segurança cidadã dizem oferecer.[157] Certamente, a sociedade ocidental, os Estados Unidos da América, onde parece ter se desenvolvido mais a fundo este modelo, não oferece resultados na luta contra a criminalidade que lhe deem aval.[158] Cresce, cada vez mais, a impressão de que se pode estar reproduzindo o processo que ocorreu com a política penal em matéria de drogas: o reconhecido fracasso do modelo estadunidense em seu âmbito nacional original foi contemporâneo à sua exportação ao resto do mundo. Algo semelhante poderia estar acontecendo com o tratamento da delinquência organizada, a delinquência de rua e o terrorismo.

Na realidade, estamos diante de um direito penal que serve a uma política criminal que busca a efetividade em curto prazo, bem exemplificada na expressão "varrer a delinquência das ruas". Mas, na prática, abandona as considerações de eficácia, centradas na estável realização dos objetivos de tutela perseguidos, o que, em último termo, questiona igualmente sua efetividade a médio e longo prazos.[159] A concentração dos esforços político-criminais em uma acelerada abordagem das manifestações delitivas, descuidando das causas sociais e políticas que as geram, coloca de forma pouco realista as esperanças no efeito do isolamento social de coletivos cada vez mais amplos,[160] assim como nos efeitos comunicativos de uma política de lei e ordem que, cedo ou tarde, mostrará sua fraca capacidade para a erradicação das raízes da delinquência.

Essa busca pela efetividade em curto prazo não só deixa insatisfeitos seus objetivos pragmáticos declarados, como também produz

---

[157] Ver um questionamento de sua eficácia em Maqueda Abreu (2003): 10; Cancio Meliá (2003): 89-90; Muñoz Conde (2004): 175-176, 180-182.

[158] Ver Wacquant (2001): passim.

[159] Sobre o uso que faço destes conceitos, ver Díez Ripollés (2003): 95.

[160] Ver as cifras fornecidas pelo Departamento de Justiça dos Estados Unidos sobre o elevado número de cidadãos submetidos diretamente aos órgãos de execução penal em 2003 – quase sete milhões de pessoas adultas entre reclusos e condenados ou submetidos à liberdade condicional –, no jornal El País, 28 de julho de 2004.

efeitos devastadores na estrutura de racionalidade do direito penal.[161] Referências chave da racionalidade ética, fortemente arraigadas em nosso sistema de crenças, devem ser manipuladas para simular que o novo modelo de direito penal as respeita, o que se faz necessário, sobretudo, entre os princípios da responsabilidade e da sanção: desloca-se a ênfase do princípio de certeza ou segurança jurídica de uma precisa determinação legal dos fatos a uma nítida precisão legal das qualidades que deve possuir o autor de tais fatos; isso, por outro lado, implica uma renovação das tendências, sempre latentes em torno aos conceitos de habitualidade ou reincidência, favoráveis a interpretações amplas do princípio de responsabilidade pelo fato em sua variante de impunidade do plano de vida. O princípio de reprovabilidade, ou culpabilidade, sofre tensões cada vez mais fortes para adaptar seus conteúdos aos de um conceito que nasceu, discutivelmente, como seu complementário, o de periculosidade. No marco do megaprincípio de jurisdicionalidade, atento às bases das garantias processuais, está claro que o modelo penal da segurança cidadã tem interesse em minar subprincípios como o de monopólio estatal do *ius puniendi*, outorgando um protagonismo crescente às demandas das vítimas, ou do procedimento contraditório, mediante a acentuação da desigualdade entre as partes processuais; sem esquecer que os princípios de humanidade ou proporcionalidade das penas, ou o asseguramento de seu componente ressocializador, recebem embates que, no que se refere ao último deles, parece já se apoiar em uma vacilação das crenças sociais em sua pertinência.

Para não alongar mais este argumento, basta recordar que princípios bem arraigados na racionalidade teleológica do direito penal, como o princípio da subsidiariedade, o diverso conteúdo de injusto entre condutas lesivas ou perigosas, ou o da preservação da formalização do procedimento, entre outros, são objeto de questionamento direto.[162]

Por outro lado, as pretensões de *confinar este modelo* penal *dentro de certos limites rígidos* de influência são pouco convincentes: as apelações da excepcionalidade temporal de sua vigência serão um mero álibi legitimatório enquanto não se abordarem as causas que geram esse tipo de delinquência, abordagem que deveria permitir manter dentro

---

[161] Chamam a atenção sobre o necessário equilíbrio entre a racionalidade valorativa e a pragmática, Muñoz Conde (2004): 175; Gómez Martín (2004): 84-85.

[162] Destacam a significativa inobservância de princípios básicos do direito penal moderno que ocasiona este modelo de direito penal, entre outros, Laurenzo Copello (2003): 455-456; Maqueda Abreu (2003): 10-11; Muñoz Conde (2003); (2004): 175-177, 179-180; González Cussac (2003): 22, 25; Portilla Contreras (2004): 43; Martínez-Buján Pérez (2004).

de níveis razoáveis esse tipo de criminalidade. As bem-intencionadas demandas para que não se ultrapassem certos âmbitos de intervenção, encontram-se seriamente contraditas pela progressiva expansão dos comportamentos desviados, sujeitos ao raio de ação deste modelo. Com isso, desfaz-se, igualmente, a ilusão de estabelecer diferentes graduações na intervenção penal, de criar compartimentos estanques, com o que a alternativa transita, de novo, entre o que deve estar dentro ou fora do direito penal, o que agrava as contradições originadas pela tendência em colocar as condutas danosas dos poderosos nas margens da intervenção penal.[163]

Finalmente, tampouco parecem ter uma base firme as esperanças postas em que o renascimento do conceito de periculosidade deveria ser capaz de frear o insustentável aumento das penas, desviando os afãs punitivos para o âmbito das medidas de segurança. A inteligente decisão de não insistir na autonomia do direito de medidas, preferindo-se que seus postulados permeiem o direito de penas e outros âmbitos jurídicos não penais, a transcendente mudança do ponto de referência da proporcionalidade das medidas, já não vinculadas ao prognóstico de periculosidade e seus conteúdos, mas aos critérios de distribuição de custos, e o profundo descrédito da finalidade ressocializadora, permitem prever que a potenciação da periculosidade e das medidas não é mais que um vetor a mais da expansão do modelo penal da segurança cidadã.

5. O prosseguimento acrítico da modernização

Acredito ter deixado claro nas páginas anteriores que o modelo penal da segurança cidadã se serviu parasitariamente do debate sobre a sociedade do risco e, principalmente, das propostas que defendem uma modernização do direito penal. Este fato, por mais reprovável e digno de lamentação que seja, condiciona, inevitavelmente, o futuro do discurso modernizador, o qual não pode prosseguir como se nada tivesse acontecido. Assim, os justificados esforços para introduzir o direito penal em novos e inovadores setores sociais necessitados de sua intervenção devem desenvolver-se levando em conta, e prevenindo, essa instrumentalização por parte do discurso securitário de uma série de valorações e decisões político-criminais próprias do discurso modernizador.

---

[163] Recordam a impossibilidade de manter o direito penal da segurança cidadã confinado em certos âmbitos de intervenção, Cancio Meliá (2003): 90; Maqueda Abreu (2003): 11; Portilla Contreras (2004): 43-44.

Entre as reflexões genéricas político-criminais que apresentam pontos fracos à sua manipulação securitária cabe mencionar as seguintes: a afirmação de que os sentimentos de insegurança difundidos entre amplos setores sociais ficam pequenos diante da realidade, por mais que isso se formule pensando nos novos riscos tecnológicos ou socioeconômicos;[164] o reconhecimento dos grupos de pressão sociais como a vanguarda do direito penal progressista, passando por alto que estes coletivos respondem a orientações político-criminais muito distintas, em ocasiões contrapostas;[165] referências à importância dos novos conteúdos de tutela e à relevância dos interesses das vítimas desses delitos, formuladas em contraposição à pretendida maior atenção prestada, até agora, aos delinquentes;[166] certa banalização do temor das práticas arbitrárias dos poderes públicos, diante da necessidade de que o direito penal cumpra satisfatoriamente as novas funções que lhe demandam;[167] valorações positivas excessivamente generosas das iniciativas político-criminais da esquerda, com o argumento, desmentido com frequência na experiência recente, de que se diferenciam substancialmente das empreendidas pela direita;[168] aceitações acríticas de propostas de intervenção penal que são consideradas consequência do fenômeno da globalização, ou que tem sua origem em propostas internacionais ou comunitárias, presumindo que possuem um correto fundamento político-criminal, o qual está longe de concorrer em muitos casos.[169]

Deveriam ser matizadas, especialmente, afirmações que tendam a confirmar indiscriminadamente os incrementos de intervenção penal como uma consequência obrigatória do surgimento de novos conflitos sociais a serem abordados, ou que não se preocupam suficientemente em delimitar com precisão aqueles âmbitos de intervenção próprios do direito penal moderno,[170] com a indesejada consequência de outorgar legitimidade a novos âmbitos ou níveis de intervenção puramente securitários. Nesse sentido, não é raro ver assumida por defensores

---

[164] Ver Martínez-Buján (2002): 410; Corco e Bidasolo (2004): 32.; Gómez Martín (2004): 60-61, 70-71, 77.

[165] Ver referências ainda não suficientemente matizadas em Martínez-Buján (2002): 405; Terradillos Basoco (2004): 227-228.

[166] Ver Martínez-Buján Pérez (2002): 431; Gómez Martín (2004): 87-90.

[167] Ver Górriz Núñez (2004): 343.

[168] Ver referências suscetíveis de desfiguração em Martínez-Buján Pérez (2002): 406; Terradillos Basoco (2004): 227-228.

[169] Ver Gracia Martín (2003): 89-120.

[170] Ver Gracia Martín (2003): 57-60; Górriz Núñez (2004): 343-344; Gómez Martín (2004): 61-62, 87-89.

da modernização[171] a simplificadora visão de que o conjunto da nova política criminal caminha para a prevenção da delinquência dos poderosos, perspectiva cujo aproveitamento para a fundamentação do novo modelo penal da segurança cidadã já discutimos.

Em um plano mais técnico, deve advertir-se, frente às tentações de reagir às dificuldades de configuração do novo direito penal moderno, enfatizando em excesso a prevenção geral positiva, ou adotando posturas demasiado compreensivas com os fenômenos simbólicos ou a função promocional do direito penal.[172] Por outro lado, sendo certo que muitas das críticas formuladas às propostas de modernização do direito penal não afetam seus fundamentos político-criminais, e sim à defeituosa técnica legislativa empregada.[173] Isso não deve fomentar o conformismo, mas impulsionar avanços na depuração dos conteúdos de tutela e dos níveis de intervenção: propostas que promovam uma progressiva espiritualização dos bens jurídicos, ou resignadas diante da aparente inevitabilidade das estruturas típicas de perigo,[174] fazem um pequeno favor, não somente à consolidação do direito penal moderno, mas também para evitar sua infiltração por correntes político-criminais espúrias.

Deveria, além disso, ser dedicada maior atenção à demonstração de certas qualidades do direito penal moderno, que tendem a formular-se, em ocasiões, como meras crenças. É o caso da fé na plena compatibilidade entre modernização e respeito incólume do sistema vigente de garantias penais e processuais,[175] o que não se encaixa bem com propostas de reinterpretação de algumas dessas garantias, do conjunto delas[176] ou da firme convicção na eficácia das intervenções penais modernizadoras, qualidade atribuída ao direito penal moder-

---

[171] Ver de modo especialmente intenso em Gracia Martín (2003): 163-164, 166-167, 181-185, 190-191, 195-196.

[172] Ver, por exemplo, Corco e Bidasolo (2004): 39.

[173] Ver Martínez-Buján Pérez (2002): 428; Pozuelo Pérez (2003): 119, 120, 132; Terradillos Basoco (2004): 229; Corco e Bidasolo (2004): 40.

[174] Ver Martínez-Buján Pérez (2002): 415-416; Gracia Martín (2003): 168; Pozuelo Pérez (2003): 118-119; Terradillos Basoco (2004): 229; Corco e Bidasolo (2004): 38; Gómez Martín (2004): 77-78. Criticamente em termos gerais diante dessa atitude, Díez Ripollés (2003a): 34-40; Paredes Castañón (1997): 220-221; Laurenzo Copello (2003): 452-453. Soto Navarro (2003): 176-186, 193 e ss. desenvolve uma proposta detalhada, claramente dirigida à configuração de tipos de lesão de bens jurídicos coletivos.

[175] Ver Gracia Martín (2003): 155-157, 190, 196, 208; Pozuelo Pérez (2003): 121-122; Górriz Núñez (2004): 340, 345-346; Terradillos Basoco (2004): 2004.

[176] Ver Gracia Martín (2003): 113 n.191, 182-184, 199-213, e afirmações suas reunidas abaixo; Pozuelo Pérez (2003): 115-118. Laurenzo Copello (2003): 447 adverte, também, diante dessa tendência de certos setores modernizadores.

no sem maiores esforços de prova.[177] Não é difícil imaginar os bons serviços que tais juízos apodíticos prestam a um modelo securitário que busca se infiltrar nessa corrente modernizadora.

É certo que um setor cada vez mais numeroso dos partidários da modernização ficou consciente da manipulação de que era objeto seu discurso, e tem, acertadamente, distanciado-se de tal proceder,[178] mas fica ainda pendente uma enérgica reação que previna, de uma vez por todas, o cruzamento de duas correntes político-criminais, que realmente são contrapostas. Em especial, devem ser corrigidas posturas doutrinais que, em seu afã por justificar a modernização, acabaram servindo-se de novidades ou argumentos político-criminais estranhos a ela, entre os quais se encontram alguns de natureza securitária.[179]

---

[177] Ver Corco e Bidasolo (2004): 28, 39-40; Górriz Núñez (2004): 340, 345-346, entre outros.

[178] Um bom exemplo é Terradillos Basoco (2004): 222-224, 226, 239-240, que ressalta como as demandas de segurança, a consequente expansão do direito penal e o comprometimento das garantias penais ou processuais não ocorrem no âmbito socioeconômico ou de crime do colarinho branco, somente nos âmbitos delinquenciais próprios do discurso securitário. Ver, também, Corco e Bidasolo (2004): 30-31.

[179] Ver a inclusão de Gracia Martín (2003): 60, 113-114 n. 191, 120-125, 181-185, 199-213 do direito penal do inimigo entre os setores de intervenção pertencentes ao direito penal moderno: a ênfase aplicada no questionamento de certas garantias, tratadas pejorativamente como formais, e, finalmente, de todo o direito penal garantista atual, entendido como uma estratégia para ocultar a função socialmente discriminante do direito penal liberal, e que deverá ser substituído por outro sistema de garantias, não explicitado pelo autor, próprio do Estado de direito social. Uma reorganização recentemente feita em Gracia Martín (2005).

Terceira Parte

A dimensão inclusão/exclusão social como guia da política criminal comparada

Capítulo VII – A comparação das políticas criminais nacionais

1. O debate sobre a confluência das políticas criminais nacionais

Os estudos de política criminal comparada tem sido objeto, nos últimos anos, de uma atenção cada vez maior por parte dos estudiosos do direito penal e da criminologia.[180]

Com isso, relaciona-se o fato de a política criminal ter se transformado, no mundo desenvolvido, devido a diversos fatores, em um dos setores das políticas públicas mais controversos. Agentes sociais e grupos de pressão de diferentes origens e interesses se envolvem intensamente na modificação das políticas criminais nacionais, com a consequência de que os sistemas de controle penal estão experimentando alterações significativas.

A atenção prestada neste fenômeno permite documentar diversas estratégias nacionais de prevenção e redução da delinquência que, em certas ocasiões, produzem resultados diferentes. De fato, começam a ser frequentes análises acadêmicas que se vêm em condições de agrupar países do mundo desenvolvido a partir de categorias descritivas de diferentes tradições e práticas político-criminais.[181]

---

[180] Ver, a título de exemplo, uma enumeração não exaustiva dos publicados em inglês até 2007, em Tonry (2007): 3-5. Em espanhol, ver, entre outros, Díez Ripollés/Prieto del Pino/Soto Navarro (2005); Tamarit Sumalla (2007); Díez Ripollés/García Pérez. (2008). Em alemão, Dünkel/Lappi-Seppälä/Morgenstern/v. Zyl Smit (2010). Reflexões metodológicas, entre outros, em Zimring (2006); Brodeur (2007): 49-53, 60-68; Nelken (2010).

[181] Ver, entre outros, Lahti (2000); Cavadino/Dignan (2006); Karstedt (2006); Lappi-Seppälä (2007); Brodeur (2007): 77-80, 85; Pratt (2008); (2008a). Com relação à Ibero-América, Díez-Ripollés (2008); (2008a).

Contudo, o influente livro de Garland, "The culture of control", publicado em 2001, continha uma sugestiva hipótese que estava destinada a condicionar o debate de política criminal comparada. O autor se ocupava de analisar os fatores sociopolíticos, ligados à sociedade da modernidade tardia, que estavam levando à consolidação de um novo modelo de política criminal nos Estados Unidos e Grã-Bretanha, que se caracterizava por um endurecimento generalizado do sistema penal. Porém, no início de seu estudo, sugeria-se[182]que os países pertencentes ao mundo ocidental desenvolvido poderiam estar registrando essas mesmas transformações sociais, que tinham conduzido, ou conduziriam mais cedo ou mais tarde, a essa política criminal mais rigorosa. A ideia implícita era que as estratégias punitivas nacionais acabariam convergindo para desenhos e práticas cada vez mais homogêneas e de acordo com o modelo descrito para esses países anglo--saxões.

A interpretação de Garland era, sem dúvida, muito sugestiva e tornou frequentes os estudos empíricos e teóricos que levaram em consideração essa hipótese no momento de analisar o que estava ocorrendo nos mais diferentes países.[183] Contudo, não demoraram para aparecer posturas que estimaram como incorreto esse enfoque analítico e tentaram demonstrar que no Ocidente desenvolvido conviviam modelos e tendências político-criminais distintos, inclusive contrapostos, contradizendo o sugerido por Garland.[184]

De todo modo, sem prejuízo do diferenciado ponto de partida e da intensidade da evolução em cada sistema nacional, tem sido arraigada a impressão de que existe uma tendência generalizada no mundo ocidental para um maior rigor punitivo. Isto não impede que, devido à diferente aceleração da mudança, o grau de divergência entre Estados Unidos e Europa ocidental tenha podido crescer nos últimos tempos, ou a que as regiões da Europa ocidental ou Ibero-América tenham uma evolução mais autônoma.[185]

---

[182] Ver Garland (2001): viii-ix, 7.

[183] Ver análise desse ponto de vista, entre outros, em Balvig (2004): 173-174, 180-186; Díez-Ripollés (2004); Estrada (2004): 419-426, 437-440; Brown, D. (2005); Moore/Hannah-Moffat (2005); Meyer/O'Malley (2005); Cartuyvels (2005): 179-193; Downes (2007): 104-107; Snacken (2007): 178-209; Roché (2007); Webster/Doob (2007). Posteriores referências em Nelken (2010): 56-57.

[184] Ver Nelken (2005): 218-219; (2010): 10, 57-59; Brown, D. (2005): 29, 35-42; Hinds (2005): 59-60; Moore/Hannah-Moffat (2005): 86-88; Meyer/O'Malley (2005): 201-203, 213-214; Roché (2007): 472, 476, 494-504, 540-545; Tonry (2007): 1-2, 38-40; Snacken (2007): 207-209; Webster/Doob (2007): 301-302; Lappi-Seppälä (2008): 313-314.

[185] Sobre a Europa oriental, ver Zielinska (2005); Kerezsi/Levoy (2008). Sobre a evolução na Ibero-América, ver Díez Ripollés (2008); contribuições em Díez Ripollés/García Pérez (2008).

2. A politização das políticas criminais nacionais

Tem-se destacado, por outro lado, que as estratégias de prevenção e redução da delinquência estão passando por um período de forte politização.[186] Gostaria de destacar três fenômenos nessa direção.

Em primeiro lugar, a política criminal deixou de refletir as diferenças ideológicas que, não obstante, desenvolvem em maior ou menor medida o desenho das outras políticas públicas. O descobrimento, realizado pelos agentes políticos, da enorme acumulação de votos que podem proporcionar decisões que transmitam uma imagem de "mão firme" diante da delinquência e do delinquente praticamente diluiu as diferenças entre a direita e a esquerda na abordagem do controle do delito.[187] Restam apenas indícios de antigos signos distintivos, como uma maior resistência à estigmatização do delinquente na esquerda, ou as ocasionais reticências da direita sobre intervenções punitivas excessivamente invasivas da esfera pessoal.[188]

Em segundo lugar, e frente ao que pretendem nos fazer acreditar, no momento de configurar a política criminal, as considerações estritamente partidárias predominam frente às autênticas demandas sociais ou à realidade social a confrontar. A criminologia tem colocado de forma amplamente clara que são os agentes políticos e seus interesses imediatos os que determinam em maior medida a agenda político-criminal.

Assim, os conteúdos cotidianos dos meios de comunicação dependem, em uma alta porcentagem, da informação aportada por fontes oficiais ou institucionais, o que permite a estas dirigir a atenção midiática sobre os assuntos que mais interessam. Do mesmo modo, as demandas populares de maior rigor punitivo se sustentam com frequência sobre um sentimento difuso de preocupação pelo delito e sua abordagem, induzido pela reiterada presença de notícias delitivas nos meios de comunicação, que não correspondem aos baixos níveis de medo pessoal do delito, nem às moderadas atitudes punitivas da população ante condutas delitivas concretas.[189]

---

[186] Ver, por todos, Garland (2001): 13-14, 168-173.

[187] Ver, entre outros, Sun Beale (1997): 29-30, 40-44; Wacquant (2000): 132-140, 161; Tham (2001): 410 e ss; Díez-Ripollés (2004): 10-12, 23-26; Balvig (2004): 168-169, 171-172; Estrada (2004): 428-440; Roché (2007): 522-524; Levy (2007): 584-586; Newburn (2007) : 426, 439-441, 454-459.

[188] Ver Tham (2001): 411, 420-421; Balvig (2004): 173-174; Levy (2007): 585.

[189] Ver Beckett (1997): 5-8, 11-12, 14-27, 55-59, 62-78, 80; Beckett-Sasson (2004): 9-10, 59, 62, 66, 71-81, 107-116, 121-125; Sun Beale (1997): 45-51; Roberts/Hough (2002); Tonry (2004): 34-38; Doob (2005): 360-366; Wacquant (2005): 11-15; Zimring (2005): 53; Cavadino/Dignan (2006): 2-31, 339-

Também se questiona que a intensidade do controle penal de um país se relacione intimamente com os níveis de criminalidade existentes. Por exemplo, as taxas de encarceramento parecem ser mais produto de decisões político-criminais do que reflexo da criminalidade,[190] e algo parecido pode suceder com o volume das forças policiais e suas práticas.[191] Esta desconexão confirma que na configuração da política criminal tenham mais presença decisões valorativas ou ideológicas que considerações utilitárias ou de eficácia,[192] porém também nos lembra que a delinquência se previne por todo o tecido social e não somente pelo direito penal, em coerência com, em realidade mais além de, a teoria do controle social.[193]

Em terceiro lugar, as práticas político-criminais estrangeiras ou as obrigações internacionais influenciam cada vez mais nas decisões nacionais sobre prevenção ou redução da delinquência. Os modelos estrangeiros mais prestigiados, entre os quais se destaca, entre muitos países, o dos Estados Unidos, penetram difusamente nos centros de decisão político-criminal; esta interação é positiva e justifica os estudos de política criminal comparada, por mais que em certas ocasiões possa alterar, mediante um argumento de autoridade, as iniciativas mais apegadas às realidades ou recursos nacionais.[194] As obrigações internacionais ou regionais em matéria penal progridem em número e em urgência, tendo demonstrado amplamente sua capacidade de transformação das políticas nacionais; sua influência deve ser valorizada, em termos gerais, também de forma positiva, por mais que seu

---

340; Roché (2007): 511-518; Newburn (2007): 454-459; Varona Gómez (2008); Díez-Ripollés/García España (2009): 141-161; Larrauri Pijoan (2009): 7-8.

[190] Ver, entre outros, Wacquant (2000): 146-147; Tham (2001): 412-413; Lappi-Seppälä (2002): 420-424; (2006a): 124-127; (2007): 238-239; (2008): 332-342; Beckett-Sasson (2004): 181-183; Tonry (2004): 14, 27-34; (2007): 2-3; v. Hofer/Marvin (2001): 650; v. Hofer (2003): 22-23; (2004): 160; Cavadino/Dignan (2006): 45-46; Downes/Hansen (2006): 145, 146; Tamarit Sumalla (2007): 19; Downes (2007): 101-104, 109-110; Newburn (2007): 450-454; Larrauri Pijoan (2009): 3-6; González Sánchez (2011): 6-8. A questão é intensamente debatida nesse momento, com numerosas variações. Assim, para Nelken (2010): 56-57, é certo que a evolução do nível de punição não corresponde à evolução das taxas de criminalidade, porém, é difícil negar que incrementos na punição – ainda que não no uso da prisão – conduzem a diminuições nos níveis de criminalidade. Para Brodeur (2007): 61-64, não há correlação entre taxa de criminalidade e entradas na prisão. E não falta quem contradiga a tese central de falta de correlação: sem esperar correlações lineares, estima-se que o incremento da criminalidade está na base do incremento das taxas de encarceramento, ainda que não se deva esquecer o efeito da criação de novos tipos penais ou a configuração da criminalidade. Assim, Young (1998): 74-75, 88; (2003): 37-40, 221-231; Roché (2007): 534-539.

[191] Ver Greenberg/Kessler/Loftin (1985); Scheingold (1991): 73-87; Hinds (2005): 50, 52-60.

[192] Ver Scheingold (1991): 4-28; v. Hofer (2004): 160-161; Bondeson (2005): 194, 197.

[193] Ver, por todos, Young (2003): 97-99; Tonry (2004): 99-100, 156-163.

[194] Ver Wacquant (2000) : 26-31, 36-41, 132-149; Brodeur (2007): 52, 67-68, 80; Pratt (2008a): 286-287; Díez-Ripollés (2008): 512-514.

processo de elaboração e sua tendência uniformizadora provoquem, com frequência, justificadas tensões e resistências.[195]

3. Uma aproximação rigorosa às políticas criminais nacionais

Dificilmente poderemos nos beneficiar das contribuições da política criminal comparada se não realizarmos aproximações analíticas rigorosas às diversas políticas criminais nacionais, que nos permitam identificar e avaliar corretamente suas práticas e suas prestações. Uma correta análise de uma estratégia nacional de atuação político-criminal precisa de determinados pressupostos teóricos e metodológicos, dos quais passo a mencionar alguns:

A política criminal se insere dentro do conjunto de políticas públicas, singularmente no âmbito das políticas sociais e, consequentemente, não pode ser entendida ignorando a interação e o apoio recíprocos entre elas.[196] A política criminal, como qualquer outro tipo de política pública, aspira a ser um agente de transformação social, mas confinada a um segmento limitado do comportamento social.

Meta última de toda política criminal é prevenir a delinquência dentro de parâmetros socialmente aceitáveis. Por prevenção da delinquência entendo uma redução significativa da frequência de comissão e gravidade dos comportamentos delitivos. Essa prevenção se encontrará dentro de parâmetros socialmente aceitáveis pelas democracias ocidentais quando for realizada, respeitando os princípios do Estado de direito e as garantias individuais dos cidadãos.[197]

Colocar em prática qualquer política criminal exige que sejam escolhidos, elaborados e implementados *objetivos específicos* que sejam

---

[195] Ver a influência na política criminal ibero-americana das últimas convenções internacionais em Díez Ripollés (2008): 512-514; Díez Ripollés/García Pérez. (2008). Sobre a influencia de exigências internacionais na Europa oriental, Zielinska (2005): 107, 112-113, 120; Kereszy/Levoy (2008): 254-258. Ver as extensas reticências nórdicas às previsões penais da União Europeia, em Lahti (2000): 149-153; Tham (2001): 415, 417; Kyvsgaard (2004): 387-388; Lappi-Seppälä (2006): 193; (2007): 282-286; Pratt (2008a): 280-281; Nuotio (2007): 12-20.

[196] Ver, também, Lappi-Seppälä (2006a); (2008): 343-383.

[197] Não podemos ignorar que há atitudes céticas sobre a capacidade de incidir sobre os níveis de delinquência com atuações políticas específicas de qualquer signo: Tonry (2004): 3-9, 63-139, 144 acredita que as decisões políticas de reforma legal sejam reações tardias a uma evolução nas convicções sociais – "sensibilities" – que já têm produzido efeitos práticos tanto no nível de delinquência, como em seu nível de punição mediante a aplicação do direito até então vigente, antes que as reformas ocorram; Zimring (2005): 53-60 questiona que as mudanças legislativas tenham marcado decisivamente, nos últimos tempos, a prática penal norte-americana. Por outro lado, certas perspectivas teóricas atribuem à política criminal a meta exclusiva de assegurar as garantias individuais, já que não cabe esperar imparcialidade dos poderes públicos no momento de desenvolver práticas preventivas da delinquência. Ver Zaffaroni (2007).

coerentes com essa meta. Na seleção desses objetivos existem diversas alternativas, dependentes de modelos ideológicos e sociais diferenciados. Para descrever a política criminal desenvolvida em um determinado sistema nacional é imprescindível que sejam elaborados *indicadores* confiáveis, com capacidade para identificar traços característicos de seu funcionamento e para verificar os avanços e retrocessos na obtenção de seus objetivos.[198] Somente assim se poderá proceder a avaliações rigorosas sobre as prestações do modelo.

Cabe perguntar-se, posteriormente, pelos *fatores político-estruturais, socioeconômicos e culturais* que promovem uma determinada configuração do sistema nacional de controle penal, em detrimento de outras possíveis. Sua identificação, assim como as avaliações sobre as prestações que, recém mencionadas, permitirão desenvolver *estratégias de atuação* direcionadas a reforçar, manter ou atenuar traços específicos do modelo político-criminal adotado, ou a facilitar o trânsito entre modelos político-criminais considerados mais adequados.

Capítulo VIII – A inclusão social como objetivo político-criminal

1. A moderação punitiva como objetivo

a. Pelas razões já aludidas acima, a atual política criminal comparada tem uma forte tendência a contrastar os diferentes sistemas nacionais em função de seu maior ou menor rigor punitivo. A dimensão rigor/moderação penal tem se tornado, assim, o ponto de referência de muitos estudos e domina, neste momento, o debate comparatista.

Este enfoque analítico tem um indubitável fundo ideológico. Pressupõe que todo sistema de controle penal nacional, sem prejuízo de seu inevitável componente aflitivo, deveria ter como um de seus objetivos primordiais o de assegurar que aqueles que entram em conflito com a lei penal venham a sofrer uma aflição moderada como consequência de seu comportamento suspeito ou delitivo; em suma, que se trabalha para reduzir o sofrimento dos submetidos ao controle penal.[199] Este objetivo é tão transcendente que justifica que os estudos

---

[198] Ver Karstedt (2006): 65, 75-77, trabalhando sobre critérios de Hofstede para comparação intercultural; Brodeur (2007): 49-52, 80-81; Tamarit Sumalla. (2007): 8 e ss; Rosga/Satterthwaite (2009), a partir de indicações para medir o respeito de direitos humanos, com especial atenção aos socioeconômico-culturais.

[199] Sobre o conceito de rigorismo penal, ver, entre outros, Nelken (2005): 219-222; Cavadino/Dignan (2006): xii; Tonry (2007): 7; Roché (2007): 474-476, 494; Lappi-Seppälä (2008): 320-321.

de política criminal comparada sejam guiados pela pretensão de determinar o grau em que os diferentes sistemas nacionais optam pela moderação punitiva e que esse critério rija as comparações entre os diversos países.

Cabe perguntar-se por que, apesar de os conceitos de rigor ou moderação penal estarem condicionados valorativa e culturalmente, este enfoque tem conseguido tão amplo predicamento.[200] Já antecipamos uma explicação: a hipótese de que todo o mundo ocidental desenvolvido caminha para um progressivo endurecimento penal foi muito sugestiva. Outra pode ser o pressuposto ideológico no qual se funda: diminuir a pressão punitiva, que está em condições de receber um amplo número de adesões no âmbito da reflexão político-criminal. Também pode ter tido a ver a clareza e a contundência conceituais desta perspectiva, qualidades que sugerem, também, que ela poderá ser explicitada a partir de alguns poucos indicadores reveladores. Por último, não se pode esquecer que, desde o início, foram utilizados indicadores de rigor punitivo facilmente acessíveis, o que sem dúvida aumenta seu atrativo.

b. Contudo, construir as análises de política criminal comparada em torno do grau de moderação punitiva que conseguem os diferentes sistemas nacionais apresenta uma série de defeitos teóricos e metodológicos significativos.

A partir de uma visão teórica, o objetivo da moderação punitiva se insere em um contexto ideológico excessivamente pobre. Na verdade, poderíamos considerá-lo como uma aproximação "buenista"[201] ou humanitária à política criminal, que se conforma em garantir que todo sistema de controle penal, à margem do modelo seguido ou dos objetivos pretendidos, não alcance níveis de dureza considerados inaceitáveis. Daí terem dito que é uma proposta analítica que somente tem capacidade crítica a respeito de políticas que originam um incremento das reações penais, mas não frente às que mantêm ou fazem diminuir essas reações.[202]

Isso não quer dizer que a moderação punitiva seja um traço ou um objetivo irrelevante. Muito pelo contrário, e como teremos ocasião

---

[200] Ver, entre muitos outros, Hinds (2005); Cavadino/Dignan (2006): 3-49; Downes/Hansen (2006): 133, 143-153; Tonry (2007): 7-13; Tamarit Sumalla (2007), parcialmente; Lappi-Seppälä (2008); Larrauri Pijoan (2009).

[201] Nota do tradutor: termo utilizado para definir atitudes sociais e políticas que buscam realizar programas de auxílio a classes desfavorecidas da sociedade, mas sem que sejam consideradas, em sua realização, as consequências de tais atitudes, agindo-se com base em sentimentalismos. Na Espanha, o termo é comumente utilizado em referência a partidos e políticos de esquerda.

[202] Ver Brodeur (2007): 67; Webster/Doob (2007): 300-301.

de ver, integra-se, necessariamente, em uma proposta analítica mais ampla e complexa, da qual constitui um elemento imprescindível.

Na verdade, a atribuição de um papel proeminente à moderação punitiva não é mais que o correlato da adoção do garantismo como modelo político-criminal. Neste caso, enfatizando a intensidade e a expansão das reações penais. Porém, creio ter provado em outro lugar que o garantismo, sem prejuízo de sua função indispensável em todo sistema de justiça penal, não reúne as características para transformar-se em uma estratégia de luta contra a criminalidade ou, o que é o mesmo, em um modelo político-criminal.[203]

Os postulados garantistas originam um convincente e imprescindível âmbito de salvaguarda das liberdades públicas e dos direitos fundamentais dos cidadãos frente ao exercício do *ius puniendi*. E essa refinada construção conceitual da responsabilidade e de sua determinação no processo, do sistema de penas e de sua execução, deve ser levada em conta e respeitada pelos poderes públicos no marco de quaisquer estratégias político-criminais. Contudo, carece do conteúdo necessário para fundamentar uma política pública, como é a criminal: para isso é preciso, como assinalamos mais acima, uma estratégia de intervenção social que, integrada no conjunto de políticas públicas, desenvolva objetivos específicos e avaliáveis encaminhados a prevenir a delinquência dentro, em todo caso, de parâmetros socialmente assumíveis. O garantismo se detém na identificação e valoração desses parâmetros comuns a toda política criminal própria de um Estado de direito, mas não dá indicações sobre qual alternativa político-criminal, dentre as compatíveis com esses parâmetros, deve ser escolhida.[204]

A partir de uma visão metodológica, o objetivo da moderação punitiva se serve de indicadores exclusivamente limitados. De fato, está concentrado de forma predominantemente em um, a taxa de encarceramento por 100.000 habitantes. O indicador tem, sem dúvida, muitas virtudes: é facilmente acessível a partir de diversas fontes confiáveis; permite dispor, dada sua elaboração feita há muito tempo, de séries de dados que abarcam períodos de tempo extensos; centra-se na sanção mais dura que um sistema penal pode impor, salvo a pena de

---

[203] Ver Díez-Ripollés (2004): 31-33; (2007): 120-124. Coincide comigo Zaffaroni (2007):184.

[204] Sobre o papel do garantismo no desenho de políticas criminais, ver Díez Ripollés (2004): 3-31 / 3-33. Ver, também, referências ao debate nórdico entre política criminal defensiva e ofensiva em Lahti (2000): 147-148.

morte; e vem a ser uma sanção que reflete bem o resultado das políticas e práticas punitivas do conjunto do sistema penal respectivo.[205]

Contudo, a doutrina criminológica e político-criminal destaca reiteradamente suas insuficiências: primeiramente, por concentrar indevidamente a avaliação do rigor de um sistema penal no uso da pena de prisão, marginalizando outros indicadores com uma forte capacidade expressiva da intensidade da reação punitiva, como pode ser o número de procedimentos penais e dos que acabam em condenação, a duração das penas em geral, a intensidade e frequência do uso de penas distintas da prisão ou a acumulação de penas, entre outros.[206]

Até porque, postos a medir o uso relativo da prisão nos diferentes sistemas nacionais, o manejo quase exclusivo da taxa de encarceramento por 100.000 habitantes deixa sem considerar outros indicadores relevantes, como a duração média das penas de prisão impostas, o número de ingressos, a efetiva permanência média na prisão, ou internamentos à margem do sistema penitenciário.[207] Sem que devam ser esquecidas determinadas práticas ou acontecimentos que podem mascarar notavelmente os dados, como o emprego de listas de espera para ingressar na prisão, ou a existência de indultos gerais.[208]

De todo modo, a crítica metodológica precedente não questiona a indubitável significação do indicador de taxa relativa de encarceramento e de seus indicadores associados para caracterizar aspectos relevantes de um sistema de controle penal. O que se discute são as visões unilaterais, excessivamente simplistas, que pretendem avaliar todo um sistema de justiça penal ou, se assim se prefere, seu rigor quase de modo exclusivo a partir de um dado, ou de alguns dados, relativos aos níveis de encarceramento. Isso não deve impedir que, em análises mais complexas de comparação político-criminais, essa informação tenha um papel destacado.[209]

---

[205] Ver, por todos, Cavadino/Dignan (2006): 4-5; Tonry (2007): 7.

[206] Ver diversas enumerações em Hinds (2005): 47-48; Tonry (2007): 13-14; Nelken (2005): 220-221; (2010): 61-66; Tamarit Sumalla. (2007): 6-27; Lappi-Seppälä (2007): 268-270; (2008): 322, 330; Roché (2007): 539-540; Newburn (2007): 435-436, 442-445; Larrauri Pijoan (2009): 2-3.

[207] Ver Hinds (205): 47-48; Tonry (2007): 8-11; Roché (2007): 505-511; Lappi-Seppälä (2007): 266-267; (2008): 322; Snacken (2007): 145-150; Downes (2007): 95-96, 97, 99. Contudo, houve argumentações relevantes sobre a notável capacidade da taxa de encarceramentos para incluir dentro de si, de maneira significativa, todos esses outros indicadores do uso da prisão. Ver Webster/Doob (2007): 305-309; Lappi-Seppälä (2008): 322-332.

[208] Ver Lappi-Seppälä (2007): 254-255, 257-258; Balvig (2004): 169; Levy (2007); Roché (2007): 502-503; Green (2007): 605; Pratt (2008): 135; Nelken (2009): 298.

[209] Ver mais adiante sua consideração no modelo analítico proposto.

2. A inclusão social como objetivo

a. Outra forma de realizar análises de política criminal comparada é tomando como referência a capacidade do correspondente sistema nacional para minimizar a exclusão social dos que entram em conflito com a lei penal. Isso supõe que o sistema de controle penal se avalia por suas prestações na aquisição, recuperação, consolidação ou, ao menos, no deterioração de um aceitável nível de inclusão social dos suspeitos e dos delinquentes. A dimensão inclusão/exclusão social reflete duas aproximações contrapostas ao objetivo de prevenir a delinquência de pessoas propensas a entrar em conflito com a lei penal:

O enfoque inclusivo pretende assegurar que o suspeito ou delinquente se encontre, depois de contato com os órgãos de controle penal, em iguais ou melhores condições individuais e sociais para desenvolver voluntariamente uma vida em conformidade com a lei. O enfoque exclusivo quer garantir que o suspeito ou delinquente se encontre, depois de contato com os órgãos de controle penal, em condições individuais e sociais nas quais lhe resulte mais difícil infringir a lei ou evitar ser descoberto.[210] Naturalmente, e como sucedia com a dimensão rigor/moderação penal, não estamos diante de duas pretensões incompatíveis, mas de um contínuo entre dois extremos dentro dos quais cabe todo tipo de combinações e ênfases.

Essa proposta analítica é fundada em uma hipótese fundamental, a de que a manutenção de um certo nível de inclusão social de suspeitos, delinquentes e ex-delinquentes, é uma das mais eficazes estratégias para a prevenção da delinquência. E em outra hipótese correlativa que sustenta que a produção ou aprofundamento da exclusão social de suspeitos, delinquentes e ex-delinquentes, pelas instituições de controle penal gera maior delinquência a médio e longo prazo.

Ambas as hipóteses fundamentais estão, sem dúvida, pendentes de uma demonstração definitiva.[211] A opção favorável a comparações político-criminais centradas na dimensão inclusão/exclusão social pode colaborar decisivamente em sua verificação. De fato, para poder avançar no contraste empírico de ambas as hipóteses, é preciso conseguir descrições ajustadas do grau em que o sistema nacional de justiça penal seja socialmente inclusivo ou excludente. Para isso, é necessário elaborar e confirmar indicadores capazes de identificar os traços ca-

---

[210] Ver, também, Cavadino/Dignan (2006): xiii, 28, 338-339; Brodeur (2007): 54-60, 81-82.

[211] Ver algumas reflexões a respeito em Uggen/Manza/Thompson (2006): 303-304. Uma investigação recente relevante em Savage/Bennett/Danner (2008), com amplas referências a outros estudos prévios.

racterísticos dessa dimensão e de comprovar os progressos registrados em um ou outro sentido. Somente então, poderão ser desenhadas as pertinentes investigações direcionadas a estabelecer as possíveis correlações entre o caráter mais ou menos inclusivo/excludente de um sistema de controle penal e os ganhos em uma prevenção socialmente assumível da delinquência.

b. Sem desconsiderar a tarefa que temos pela frente, não se pode ignorar que a dimensão inclusão/exclusão social ocupa um lugar na reflexão teórica sobre a configuração da política criminal. Essa contraposição está atrás da intensa polêmica que está ocorrendo na Europa continental e na Ibero-América sobre o novo modelo penal da segurança cidadã e suas alternativas. Já vimos, em passagens anteriores deste volume, seu conteúdo, consequências e discursos legitimadores. Entre estes, destaca-se o que tem criado o conceito de direito penal do inimigo.[212] Este, como os demais discursos legitimadores, não é mais do que um reflexo do fenômeno de progressivo endurecimento, em tom excludente, da intervenção penal sobre a criminalidade tradicional, que está sendo generalizado em numerosos países, com frequência abusando de conceitos criados com um objetivo diverso, como o de criminalidade organizada. Do mesmo modo, no mundo anglo-saxão, abundam construções teóricas que interpretam as transformações político-criminais em voga no contexto de atitudes e práticas sociais cada vez mais excludentes.[213]

Em minha opinião, uma adequada contextualização do debate sobre os traços inclusivos ou excludentes da intervenção penal contemporânea nos conduz, de novo, ao campo das políticas públicas, nas quais a política criminal se insere. E, mais concretamente, à confrontação programática entre dois modelos de sociedade que, no marco da atual economia política, vêm representados pelo projeto social de bem-estar e pelo neoliberal.[214] O objetivo político-criminal da inclusão social se integra, assim, dentro do propósito de construir um estado e

---

[212] Entre a inabarcável literatura existente, como recordação ao já aludido, ver Jakobs/Cancio (2006); Zaffaroni (2007). Ver uma teorização anglo-saxã muito próxima à do direito penal do inimigo, porém, a partir de postulados liberais de Stuart Mill, criticamente, em Brown (2005) – a ausência nos delinquentes das virtudes individuais da sociedade liberal priva estes de seus direitos cidadãos.

[213] Ver, entre outros, Young (1998): 65-86; (2002): 465-477; (2003): 5-54, 95-190; Wacquant (2000); Garland (2001); Tham (2001): 417-420; Hallsworth (2005): 243 e ss; Pratt (2005); Bauman (2006): 179-212; Karstedt (2006): 52, 56-58 64-75, 77. Uma enumeração parcial dos diferentes enfoques teóricos, em Brown, D. (2005): 27-28; Brodeur (2007): 66-67.

[214] Estabelecem essa vinculação entre política criminal excludente ou inclusiva e sociedade neoliberal ou de "bem-estar", entre muitos outros, Beckett (1997): 32-61,87-88; Wacquant (2000): 12-13, 41-50, 79-93, 96-131, 155-156; Beckett/Western (2001): 35-38, 46-47; Garland (2001); Tham (2001): 417-420; Young (2003): 5-54, 95-190; Hallsworth (2005): 251-253; Cavadino/Dig-

uma sociedade de bem-estar, sendo um de seus pilares constituintes a atenção específica aos socialmente desfavorecidos, entre os quais se encontram muitas das pessoas propensas a entrar em conflito com a lei penal.[215] Em suma, está enquadrado dentro do que temos denominado nas páginas anteriores de modelo penal de bem-estar.[216]

No entanto, outros teóricos têm advertido que as novas condições da sociedade pós-moderna já não possibilitam prosseguir com um estado de bem-estar como o conhecido na segunda metade do século passado. Nesta nova sociedade, certamente de traço neoliberal e com uma notável desregulamentação de quase todos os âmbitos da vida social, amplas políticas assistenciais para os desfavorecidos não têm espaço, pois chocam com a generalizada insegurança pessoal da maioria da população. Os programas de inclusão social deveriam se enquadrar dentro de um marco meritocrático e de comunidade de valores.[217]

Seja com certos matizes, seja com outros, o certo é que a implementação de uma política criminal sobre bases de bem-estar tem sofrido embates muito sérios nos últimos anos.[218] A raiz de seus problemas está na capacidade expansiva mostrada pela economia política neoliberal, que tem levado a países como os Estados Unidos a não promoverem o estado de bem-estar[219] e a recortes notáveis de seus elementos constitutivos nas democracias do centro e do norte da Europa, por mais que isso tenha coincidido, temporalmente, com a incorporação a esse modelo das democracias do sul e do leste da Europa.[220]

Consequentemente, os agentes políticos eliminaram ou reduziram drasticamente, em seus programas, as propostas de avanço a sociedades mais inclusivas.[221] Especialmente chamativa tem sido a contenção

---

nan (2006): 14-27; Downes/Hansen (2006): 133, 141 e ss.; Lappi-Seppälä (2008): 343-383; Estrada (2004).

[215] Ver Young (1998): 66; Wacquant (2000): 162-164; Downes/Hansen (2006): 133-138; Downes (2007): 98-99, 120-121; Nuotio (2007): 4-8, 10. Ver uma reflexão sobre as possibilidades de inclusão social de sociedades autoritárias versus as democráticas em Karstedt (2006).

[216] Ver, especialmente, Capítulo III.

[217] Assim, Young (1998): 85-86; (2002): 483-487; (2003): 231-292. Ver algumas ideias semelhantes em Karstedt (2006): 53-56, 59-60; Balvig (2004): 180-186.

[218] Sobre o declínio do bem-estar no âmbito da política criminal, ver, entre outros, Garland (2001): 75 e ss; Tham. (2001): 410; Estrada (2004); Downes / Hansen. (2006): 133-138: Lappi-Seppälä (2006a). Criticamente, salientando que há tendências contraditórias simultâneas, Brown, D. (2005): 29, 34-42; Pratt. (2005): 259-260; 266-269.

[219] Ver Beckett/Western (2001): 35-38; Beckett/Sasson (2004): vii-viii, 5-10, 45-71, 124, 185, 187, 189-192; Wacquant (2000); (2005): 17-22.

[220] Ver Lappi-Seppälä (2007): 275.

[221] Ver Díez-Ripollés (2004): 28-33; (2007): 147 e ss.

da social-democracia nórdica, dando seu contraste com prolongadas políticas precedentes.[222] Também o tem sido a criminalização que se está produzindo do conjunto de políticas públicas mediante a transferência de técnicas próprias de controle social penal, inevitavelmente repleto de aflição e estigma, a âmbitos até pouco alheios a essas técnicas, como as práticas familiares, educativas, laborais; algum autor pode ter falado do *governo penal*, com o que se referiria a uma governança na qual o direito penal constitui o modelo de abordagem de um bom número de problemas sociais.[223]

c. O questionamento do modelo social de bem-estar, assim como a relutância a adotar políticas públicas inclusivas, tem contribuído para o abandono ou derrocada da dimensão inclusão/exclusão social nos modelos analíticos da política criminal.

O predicamento, nos últimos tempos, de determinadas correntes criminológicas, tem reforçado essa tendência. Em geral, tem decrescido o apoio aos enfoques estruturais sobre as causas da delinquência, que as buscam em determinadas carências socioeconômicas ou culturais,[224] e tem crescido a adesão a enfoques mais volitivos, centrados em aspectos motivacionais do delinquente. A hipótese de que o delinquente se comporta de modo racional e o auge da prevenção situacional refletem, entre outras aproximações, essa alteração de perspectiva.[225]

No entanto, um significativo setor da doutrina reivindica o objetivo de uma política criminal socialmente inclusiva baseada no bem-estar, ou ao menos a utilidade metodológica da dimensão inclusão/exclusão social para avaliar concretos sistemas nacionais de controle penal.[226] Contudo, são surpreendentes os escassos esforços dedicados por pesquisadores a desenvolver instrumentos metodoló-

---

[222] Ver Tham (2001): 410, 413-420; Balvig (2004): 182 e ss; Bondeson (2005): 190-191, 197; Pratt (2008a): 275 e ss.; Estrada (2004); Nuotio (2007): 7-8, 12.

[223] Ver Simon (2007): 177-257.

[224] Sobre o descrédito da tradicional etiologia socioeconômica ou cultural, o que não impede o desenvolvimento de interpretações etiológicas mais evoluídas, ver Young (2003): 55-154.

[225] Ver Scheingold (1991): 4-28; Beckett (1997): 8-9, 103-104; Young (1998): 77-78; (2002): 457-465; Wacquant (2000): 18-20, 27, 38-41, 58-63; Tham (2001): 412, 416, 417-418; Balvig (2004): 180-181; Moore/Hannah-Moffat (2005): 92-97. Cética a respeito, Sun Beale (1997): 53-54.

[226] Ver Beckett (1997): 10, 28-61; Beckett/Western (2001); Beckett/Sasson (2004): 70-71, 149-160, 189-204; Young (1998): 85-86; (2002); (2003); Wacquant (2000): 162-164; (2005): 17-22; Garland (2001); Hallsworth (2005): 243 e ss; Cavadino / Dignan. (2006): xiii, 4-5, 15-21, 28-29, 338-339; Downes / Hansen. (2006):133, 141 e ss.; Karstedt (2006); Tamarit Sumalla (2007): 25-26; Brodeur (2007): 54-60, 81-82; Simon (2007): 3-31, 141-175, 275-283; Lappi-Seppälä (2006a): 127-128, 130, 136, 155 e ss.; (2008): 343-383, com posteriores referências; Kerezsi/Levoy (2008): 255-258; Savage/Bennett/Danner (2008).

gicos precisos para obter todo o potencial cognoscitivo da dimensão inclusão/exclusão social. Como destacamos, precisamos de modelos analíticos, divididos em seus correspondentes indicadores, que nos permitam medir essa dimensão de uma maneira homogênea em diferentes países.

3. A inter-relação entre moderação punitiva e inclusão social

Antes de prosseguir com o que será uma proposta de análise tipológica, convém recordar que o uso da inclusão social como ponto de referência na comparação político-criminal implica adotar uma perspectiva analítica substancialmente diversa da que se encontra na moderação punitiva.[227] Ou, dito de outro modo, que inclusão/exclusão social e moderação/rigor punitivo não são dimensões paralelas. De fato, interesses ligados à inclusão social podem levar, em certas ocasiões, a impor controles prévios ou reações ao delito mais aflitivos do que os suscetíveis de se impor em virtude de interesses de exclusão social.

Está já estabelecido o maior apego do controle social informal em sociedades como as nórdicas, possivelmente situadas, como veremos, no extremo da inclusão social de nossa dimensão, frente ao existente em sociedades claramente mais excludentes.[228] Isto justifica a relevância outorgada no sistema penal à prevenção geral positiva. A persistente impregnação do tecido social por um forte componente moral unido à forte integração social destas sociedades poderia, entre outros argumentos, explicar tal fenômeno.[229]

O controle policial preventivo parece estar mais estendido nas sociedades europeias ocidentais do que nos Estados Unidos, apesar

---

[227] Também é diversa do enfoque que se centra na ressocialização ou reabilitação do delinquente. Embora não nos detenhamos neste ponto, basta assinalar que o objetivo político-criminal da inclusão social atende a aspectos que vão mais além das tarefas de tratamento e reinserção social de delinquentes condenados. Nesse sentido, tenta abarcar, também, regras e práticas relevantes no âmbito da prevenção primária e secundária – ver mais adiante reflexões sobre possíveis insuficiências do modelo proposto a este respeito –. Em qualquer caso, resulta evidente a compatibilidade do enfoque ressocializador com o objetivo de inclusão social aqui proposto.

[228] Ver Tham (2001): 410, 415-416, 420-421, 422; Bondeson (2005): 194-196; (2007): 102-104; Lappi-Seppälä (2007): 276-278; Pratt (2008): 125. Para Cavadino/Dignan (2006): 25-26 o que existe nas sociedades nórdicas é um controle formal não penal estendido, que permite reduzir o controle penal. Questiona a relação inversa entre controle social formal e informal, Nelken (2010): 37.

[229] Ver Tham (2001): 415-416, 422; Lappi-Seppälä (2002): 401, 408-410, 414-415; (2007): 276-278; Bondeson (2005): 194-196; Nuotio (2007): 8-12.

de que há fortes indícios de que as primeiras são, sem exceção, socialmente mais inclusivas do que os segundos.[230]

Sociedades situadas aparentemente mais próximas do polo da inclusão do que da exclusão social, dada sua maior sensibilidade à igualdade social e à proscrição de condutas oportunistas, tendem a desenvolver processos de criminalização primária de comportamentos dos setores sociais poderosos que superam, em intensidade, a dos presentes em sociedades localizadas mais próximas do outro polo da dimensão.[231] E mais, sociedades consideradas muito inclusivas podem conceber programas de criminalização primária muito extensivos, com a finalidade de prevenir processos de desorganização social que possam ameaçar sua capacidade integradora: é, sem dúvida, o caso dos países nórdicos a respeito de sua política de persecução do tráfico e consumo de drogas,[232] e talvez esteja acontecendo já em relação à persecução da prostituição e pornografia infantil.[233] Isso é compatível com uma prática moderada e de bem-estar no momento de aplicar as correspondentes reações penais.

Não há dúvida de que penas com o rótulo de inclusivas, que se apresentam como alternativa à excludente pena curta de prisão, possam terminar sendo mais aflitivas do que esta mesma ou do que outras penas excludentes. Na realidade, essa ideia está na base de uma das críticas mais determinantes para o abandono do modelo ressocializador nos anos 70 do século passado e segue estando presente no atual debate sobre modelos político-criminais.[234] Não é difícil imaginar como penas reintegradoras que carregam um efetivo tratamento penitenciário ou extra-penitenciário, ou uma séria supervisão da liberdade, possam adquirir um caráter mais rigoroso do que passagens curtas por estabelecimentos penitenciários geridos com o devido respeito aos direitos dos internos, ou do que penas dirigidas sem

---

[230] Ver Hinds (2005): 49-60. Alguns estudiosos nórdicos sugerem, inclusive, que, em suas sociedades inclusivas, exista uma correlação negativa entre a confiança na polícia e os investimentos dedicados a ela, Kääriäinen (2007).

[231] Ver Beckett (1997): 47; Beckett-Sasson (2004): 25, 58, 69-70, 148, 205; Nelken (2005): 223, 224-225; Lappi-Seppälä (2007): 248, 253; Estrada (2004): 426, 438-439; Lahti (2010): 25-26.

[232] Ver Lahti (2000): 149; Tham (2001): 411-412, 415;. Hofer/Marvin (2001): 640, 642-643, 646-647; v. Hofer (2003): 26, 27, 32; Balvig (2004): 168, 172; Janson (2004): 430-431; Bondeson (2007): 66, 69, 71-76, 109-111; Lappi-Seppälá (2007): 248-249, 256-257; v Pratt (2008): 125; (2008a): 285-288; Nuotio. (2007): 7-8.

[233] Ver Tham (2001): 412, 417.

[234] Ver, sobre a compatibilidade entre a persistência de um modelo ressocializador e um enfoque cada vez mais rigoroso, a análise do sistema canadense realizada por Moore/Hannah-Moffat. (2005) Criticamente, Meyer/O'Malley (2005). Ver a descrição de um fenômeno similar na Bélgica, em Cartuyvels (2005): 182-188, 195-198.

circunlóquios à inocuização do delinquente, como as proibições de aproximação, residência ou comunicação, ou diversas inabilitações.

De qualquer forma, o comum será que inclusão social e moderação punitiva mantenham uma estreita e direta relação. O que se quer destacar nesta subseção é que a dimensão inclusão/exclusão social incorpora uma visão mais complexa e rica dos fenômenos político-criminais.

Capítulo IX – Uma proposta de análise tipológica

1. Modelo analítico proposto

A seguir, pretendo construir um instrumento analítico que nos permita determinar o lugar que diferentes sistemas de controle penal nacionais ocupam dentro de um contínuo entre dois extremos conceitualmente opostos; um ocupado pelo sistema, ou pelos sistemas, de controle de pena considerados socialmente mais inclusivos, e outro no qual se firma o sistema, ou os sistemas, de controle penal considerados mais excludentes.

Os efeitos sociais inclusivos ou excludentes que buscaremos determinar não serão aqueles que um determinado sistema de controle penal nacional produz no conjunto de sua população. Está longe de nossas pretensões elucidar a diferenciada contribuição que diversas políticas criminais aportam à configuração de uma sociedade mais ou menos inclusiva em todas as suas formas. Nosso objetivo de referência é muito mais limitado, e fica confinado às pessoas e coletivos que são objetivo prioritário dos órgãos de prevenção e persecução penais. Isto é, quem esteve, está ou é propenso a estar submetido diretamente ao controle penal na qualidade de condenados ou ex-condenados, processados ou suspeitos de entrar em conflito com a lei penal.

Como é fácil notar, esta restrição do objeto de nossa atenção corresponde à proposta antes sustentada de realizar comparações político-criminais centradas na medida em que os diferentes sistemas nacionais minimizam a exclusão social de delinquentes e suspeitos. Consequentemente, qualificaremos um sistema de controle penal como inclusivo se, após sua intervenção sobre suspeitos e delinquentes, gerou de forma predominante efeitos que incrementam ou, ao menos, não pioram a capacidade daqueles para desenvolver, no futuro, voluntariamente, uma vida conforme a lei. Pelo contrário, falaremos de um sistema de controle penal que é excludente se as consequências que mais se destacam em sua intervenção sobre suspeitos e delinquentes são o fato de os terem colocado em condições individuais e sociais que vão dificultar, se o pretenderem, infringir a lei no futuro ou evitar responder por sua infração. Assim, concluímos que a tendência à inclusão ou à exclusão social dos diferentes sistemas nacionais, sem prejuízo das diferentes graduações que possam ocorrer, reflete linhas de desenvolvimento político-criminal opostas.

Para determinar o grau em que os diferentes sistemas de justiça penal respondem a uma das duas caracterizações, temos de identificar regras e práticas punitivas que descrevam consistentemente a produção de efeitos socialmente inclusivos ou excludentes sobre os coletivos referidos. Essas regras e práticas deverão ser transformadas em indicadores que nos permitam realizar as pertinentes comparações nacionais. Os indicadores deverão ter uma estrutura interna que facilmente permita graduações em uma escala que vá desde efeitos de alta inclusão social até efeitos de alta exclusão social, e que facilmente permita tirar conclusões sobre efeitos inclusivos ou excludentes a partir da presença ou ausência de certas regras ou práticas.

Assim, como pretendemos localizar os diferentes sistemas de controle penal dentro de um contínuo entre dois extremos constituídos por dois dos sistemas ou grupos de sistemas de controle penal mais opostos em termos de produção desses efeitos inclusivos ou excludentes, e não queremos trabalhar com modelos teóricos, mas reais, os indicadores escolhidos devem ter algumas qualidades adicionais: em primeiro lugar, devem se referir a regras e práticas punitivas estendidas pelo mundo ocidental desenvolvido, seja porque são objeto de aplicação em diferente medida, seja porque seu eventual uso faz parte do debate político-criminal contemporâneo. Em segundo lugar, os valores desses indicadores devem mostrar, na realidade da política criminal, uma variabilidade capaz de lhes outorgar uma capacidade discriminatória suficientemente potente para marcar contrastes acentuados entre sistemas nacionais, os quais, em consequência, fariam um uso muito diferenciado das regras ou práticas que fundamentam esses indicadores.[235]

Deste modo, poderemos, em um primeiro momento, selecionar os dois modelos político-criminais vigentes no ocidente mais opostos em seus resultados socialmente inclusivos ou excludentes, para situá-los nos dois extremos da dimensão inclusão/exclusão social.

---

[235] Em um contexto que se refere a fatores político-estruturais, socioeconômicos ou culturais, que promovem diferentes sistemas de intervenção penal, descartam certos fatores por não discriminar entre os diferentes países ocidentais, ao serem comuns a todos eles, Tonry (2007): 16-17.

Para alcançar nosso último objetivo, isto é, verificar o significado e a intensidade desses indicadores nos diversos sistemas nacionais, com a pretensão de colocar cada um dos países analisados em um determinado ponto do segmento inclusão/exclusão social, ainda falta algo. É necessário realizar uma ponderação dos diversos indicadores, para atribuir a eles mesmos, e aos valores que sejam obtidos dentro deles, um determinado peso relativo que permita quantificar os resultados obtidos em uma escala uniforme e trasladar essas cifras ao lugar correspondente dentro da dimensão inclusão/exclusão social.

Expostos os traços fundamentais do modelo analítico proposto, ocupar-me-ei da continuação da formulação das hipóteses cuja confirmação abriria o caminho para utilização da plena capacidade do modelo.

2. Os indicadores

Minha primeira hipótese afirma que uma lista de nove grupos de indicadores, dividida, por sua vez, em vinte e cinco indicadores, tem as qualidades necessárias para trazer à luz os efeitos socialmente inclusivos/excludentes de um sistema nacional nos termos supramencionados, bem como para caracterizar comparativamente ao correspondente sistema nacional dentro da dimensão inclusão/exclusão social.

Os nove grupos de indicadores são os seguintes:
1. Controle de espaços públicos;
2. Garantias penais;
3. Sistema de determinação da pena e sistema de sanções;
4. Penas máximas;
5. Regime penitenciário;
6. Internamentos de segurança;
7. *Status* legal e social de delinquentes e ex-delinquentes;
8. Registros policiais e penais;
9. Direito penal juvenil.

Foram descartados outros possíveis indicadores por diferentes motivos:

A *política criminal sobre drogas* não foi levada em consideração por sua escassa capacidade discriminatória: seus componentes fundamentais são delineados nos organismos internacionais, sob uma pressão determinante das propostas dos Estados Unidos, o que originou políticas nacionais substancialmente idênticas, pelo menos nominalmente.

Certamente, o rigor punitivo nestes delitos e, em menor medida, o âmbito das condutas puníveis, apresenta matizes significativos entre os diferentes países, e, o que é mais importante, o nível de identificação com as muito rigorosas demandas internacionais é muito díspar, o que permitiu alguns desenvolvimentos autônomos. Mas isso não parece suficiente para nossos objetivos.

As *regras e práticas processuais de persecução e esclarecimento de delitos* poderiam, aparentemente, ser um bom indicador. Sem dúvida, uma consideração mais detalhada elimina essa primeira impressão. Na realidade, pode ser verdadeiramente útil a análise destas regras e práticas para verificar o rigor de um determinado sistema penal, sempre que se avaliarem as prestações que os diferentes modelos podem estar fornecendo.[236] Mas no momento de identificar efeitos inclusivos ou excludentes de tais regras ou práticas sobre suspeitos, processados e condenados, tal indicador tropeçaria em notáveis inconveniências: em primeiro lugar, alude a um fenômeno demasiadamente amplo e multiforme com regras e práticas de relevâncias muito diferentes. Em segundo lugar, seu componente mais significativo para nossos objetivos e que é suscetível, aliás, a uma consideração isolada do resto das regras e práticas, ou seja, o respeito das garantias individuais no processo, já constitui um de nossos grupos de indicadores. Por último, embora fosse possível pensar em outros componentes significativos em termos de inclusão/exclusão dessas regras e práticas, com frequência constatam-se problemas de manejo que se destacam: é o caso da vigência e, em alguma medida, do princípio de oportunidade frente ao da legalidade processual; sem dúvida, o predomínio do primeiro pode aportar informação muito relevante sobre práticas de inclusão no seio do Ministério Público e outros órgãos de persecução. Não obstante, no plano das regras, tropeçamos com um problema nominal, pois não é raro que sistemas teoricamente baseados no princípio da legalidade se comportem, dada a carga de trabalho e outros fatores, como sistemas de persecução penal oportuna. No plano das práticas, o problema reside no fato de sua efetiva configuração estar condicionada, excessivamente, por programas conjunturais, temporais e, inclusive, pessoais; tudo isso torna difícil obter, a partir deste critério, caracterizações confiáveis de sistemas nacionais.[237]

---

[236] Ver Nelken (2009): 300-304; (2010): 64-65.

[237] Algo parecido pode ocorrer com a pretensão de distinguir entre sistemas nacionais em relação a se o exercício da ação penal está monopolizado pelo Ministério Público ou se cabem outros atores processuais ativadores da ação penal. Ocupam-se deste tema, entre outros, Simon (2007): 33-60, 71-74; Gómez Colomer (2008).

Por sua vez, os nove grupos de indicadores descritos podem dividir-se em vinte e cinco indicadores. Estes indicadores seriam propriamente as variáveis independentes a se levar em conta no modelo analítico, por mais que sejam agrupados por razões explicativas nos nove grupos de indicadores anteriores. Não seria preciso que todas estas variáveis fossem controladas, podendo restringir-se seu número em função da informação disponível. Em todo caso, cada um desses grupos de indicadores deveria conter informação sobre um número de variáveis suficiente para que esse grupo de indicadores possa levar em conta na ponderação a ser realizada na escala da dimensão inclusão/exclusão social.[238]

Os vinte e cinco indicadores, agrupados em torno dos grupos de indicadores respectivos, e formulados esquematicamente, são os seguintes:[239]

1. Controle de espaços públicos: **Urbanizações fechadas, vigilância por vídeo, proibições urbanas de acesso (3).**

2. Garantias penais: **Comprometimento de garantias processuais, obstaculização ou restrição de recursos judiciais (2).**

3. Sistema de determinação da pena e sistema de sanções: **Discrição judicial, leis de reincidência agravadas, uso extensivo de prisão, sanções alternativas à prisão, controles eletrônicos (5).**

4. Penas máximas: **Pena de morte, prisão perpétua, penas longas de prisão (3).**

5. Regime penitenciário: **Condições de vida na prisão, respeito dos direitos dos detentos, liberdade condicional (3).**

6. Internamentos de segurança: **Internamentos após o cumprimento da pena, prisão preventiva (2).**

7. Status legal e social de delinquentes e ex-delinquentes: **Privação de direitos de participação política, privação de outros direitos civis, recursos sociais acessíveis (3).**

8. Registros policiais e penais: **Expansão e acessibilidade dos registros, paradeiro de ex-delinquentes (2).**

9. Direito penal juvenil: **Limites de idade, tratamento diferenciado dos adultos (2).**

---

[238] Ver referências de uma divisão similar entre, nesse caso, direitos humanos, cujo respeito pelos diversos países se pretende avaliar, e as diversas características ou atributos a medir de cada direito, realizada na Iniciativa de Indicadores do Escritório do Alto Comissariado das Nações Unidas para os Direitos Humanos, em Rosga/Satterthwaite (2009): 293 e ss.

[239] Claramente, faz falta uma explicação mais extensa do conteúdo de cada um deles, para a qual não disponho de espaço neste trabalho programático. Em um trabalho posterior, que atentará para esses indicadores em relação a modelos político-criminais reais, poderão ser bem estudados seus elementos constitutivos.

Como ocorreu com os grupos de indicadores, há alguns possíveis indicadores que, por diversos motivos, não foram considerados:

Dentro do grupo de registros policiais e penais não são incluídos a prática de elaboração e o emprego de *listas de pessoas e organizações terroristas*: sua recente, e em grande medida acrítica, implantação em muitos países do ocidente desenvolvido em um clima de alarme generalizado, priva-o de capacidade discriminatória. É certo que já estão sendo notadas atitudes diferenciadas em sua criação e uso, mas, no entanto, a influência norte-americana é demasiado forte e impede, em grande medida, evoluções diversas.

Dentro do grupo de regime penitenciário poderia ser incluída a *presença e difusão de prisões privadas.*[240] Contudo, o citado fenômeno é mais um indicativo da influência que determinados fatores socioestruturais existentes na sociedade têm na configuração do sistema de controle penal. Estou pensando especificamente na contraposição entre o enfoque neoliberal frente ao social-democrata.[241] Mas nossa investigação se move em um plano distinto, poderia dizer-se prévio,[242] já que busca identificar elementos de medida relativos à inclusão ou exclusão social de determinados coletivos, gerados por certas regras ou práticas político-criminais. O uso de prisões privadas poderia servir-nos não em si mesmo, mas na medida em que pudéssemos ligar a ele a deterioração do regime penitenciário, como consequência da busca do benefício empresarial. No entanto, apesar de esta não ser uma consequência exclusiva das prisões privadas, estaríamos diante de um indicador demasiado distante de nosso objetivo. O que podemos tirar disto, indiretamente, obteremos, talvez, diretamente de alguns dos indicadores de regime penitenciário propostos.

3. Os modelos político-criminais nacionais contrapostos

Minha segunda hipótese propõe que os dois modelos político-criminais mais opostos em seus resultados socialmente inclusivos/excludentes sobre os coletivos estudados estão representados, no início do século XX e no mundo ocidental desenvolvido, de um lado, pelos Estados Unidos da América – o sistema federal e o sistema da

---

[240] Ver sua utilização em Cavadino/Dignan (2006): 304-354.

[241] Da mesma foram, usam este indicador Cavadino/Dignan. Ibidem.

[242] Ver acima, no item I .c.

maioria de seus estados – e, de outro, pelos países nórdicos europeus – Dinamarca, Finlândia, Noruega e Suécia.[243]

O sistema de controle penal estadunidense acabaria constituindo o modelo político-criminal ocidental mais energicamente inspirado na exclusão social dos suspeitos e delinquentes. Nesse sentido, encabeçaria um significativo grupo de países desenvolvidos, em especial do mundo anglo-saxão.[244]

Os sistemas de controle penal dos países nórdicos europeus estariam moldando o modelo político-criminal mais decididamente focado na inclusão social dos suspeitos e delinquentes. Teriam avançado nessa linha de uma maneira significativamente maior que outros países europeus ou algum americano.[245]

Se minha hipótese for correta, o uso dos indicadores mencionados no subtítulo anterior deveria ter como resultado os dois grupos de sistemas de controle penal aludidos, sem desconsiderar suas leves diferenças internas, colocando-se nos dois extremos da dimensão inclusão/exclusão social, objeto de nossa preocupação.

Esta hipótese que, como muitas hipóteses das ciências sociais, tem seu fundamento em uma determinada percepção subjetiva, é objeto de uma ampla acolhida nos círculos de reflexão político-criminais, nos quais está difundida a ideia de que há uma clara oposição entre os modelos político-criminais neoliberal e social-democrata, com uma posição intermediária do modelo europeu-continental. Neste contexto, os Estados Unidos e os países nórdicos representariam estimadamente melhor que outros países os correspondentes modelos antagônicos.[246]

Capítulo X – Objeções metodológicas

Tendo exposto o enfoque valorativo que deve reger a comparação político-criminal e o modelo de análise tipológico que deve permi-

---

[243] Islândia fica fora da consideração.

[244] Esta é uma opinião muito extensa na doutrina político-criminal. Ver Young (1998): 65, 75, 81-82; (2003): 193-230; Wacquant (2000): 11 e ss; Beckett-Sasson (2004); Hinds (2005): 51-60; Lappi-Seppälä (2007): 273-276; Nelken (2009): 294.

[245] Ver Wacquant (2000): 146, 154; Lappi-Seppälä (2007): 273-276; Pratt. (2008); (2008a); Nelken (2009): 294.

[246] Ver Cavadino/Dignan (2006): 14-26; Downes/Hansen (2006): 142; Lappi-Seppälä (2007): 270-285; (2008): 313-314, 343 e ss; Nelken (2010): 29, com matizes; Young (1998): 66; Nuotio (2007): 5, entre outros.

tir o aproveitamento de suas potencialidades, ocupar-me-ei em refletir sobre possíveis objeções à proposta sugerida.

1. Os problemas da política criminal comparada

O primeiro conjunto de objeções tem a ver com as dificuldades que surgem com a *realização de estudos de política criminal comparada*.

a. Um conjunto de observações, de caráter geral, chamam atenção sobre a dificuldade em se ater a *critérios metodológicos estritos* quando se trata de comparar globalmente sistemas nacionais de intervenção penal. A multiplicidade dos elementos presentes em alguns sistemas de controle, por si só complexos, e a diferenciada inter-relação e significação de tais elementos, converte em uma tarefa impossível selecionar os componentes mais identificadores de cada um desses sistemas e, com maior razão, criar uma planilha comum que permita levar a cabo as comparações nacionais. A consequência é que tudo que se alcança são caracterizações grosseiras, e no geral banais, dos diversos sistemas nacionais que, aliás, contribuem pouco para o conhecimento.[247]

Não se pode negar que os objetos de estudo, na política criminal comparada, são criaturas sociais complicadas e de análises rigorosas indefinidas. Qualquer pretensão de realizar progressos cognitivos neste campo deve ter, consequentemente, objetivos modestos. No entanto, não se pode cair no despotismo da pureza metodológica que, com suas excessivas exigências, pode terminar impedindo qualquer avanço do conhecimento relativo à comparação de políticas públicas relevantes, como é a política criminal, e que tanto pode contribuir para um governo melhor de nossas sociedades. Trata-se de encontrar o ponto de equilíbrio entre uma desnecessária e esterilizadora restrição na ambição dos trabalhos de política criminal comparada e outras infundadas pretensões de alcançar, com elas, comparações nacionais realmente compreensivas desses mecanismos de intervenção social.[248]

Acredito que o que proponho neste trabalho se move dentro dessas coordenadas. Não aspiro impulsionar estudos comparados fundados em caracterizações globais e acabadas de diferentes sistemas nacionais de controle penal. Minha pretensão se limita a medir a intensidade com a qual está presente em diversos países uma dimensão político-criminal particular, por mais que essa dimensão, em minha

---

[247] Ver Nelken (2010): 4, 25-31; Roché (2007): 474.

[248] Ver também Sveri (1998): 943-944; Hinds (2005): 47-48, 60.

opinião, tenha uma forte capacidade explicativa dos diferentes sistemas nacionais de controle penal.

b. Uma segunda linha de objeções tem a ver precisamente com a escolha desses *amplos marcos valorativos de referência*, convertidos em variáveis dependentes, e que pretensamente permitem classificar os diferentes países de acordo com imagens muito provocantes, mas pouco realistas. Alega-se que critérios como a moderação punitiva, a intervenção mínima, a inclusão social, o equilíbrio entre liberdade e segurança, ou outros critérios com os quais se pretende ordenar a diversidade de modelos de intervenção penal nacionais, com frequência somente refletem atitudes pré-concebidas e perturbadoras autolimitações analíticas do comparatista. Pré-julgamentos, em suma, com a vã pretensão de encontrar um fio condutor que simplifique a rica realidade diante de nossos olhos, curvando os resultados obtidos para que se acomodem a um predeterminado esquema de análise, que se assemelha a um leito de Procusto. Uma das consequências especialmente negativas deste modo de proceder é que se deixa passar a auto-observação dos próprios sistemas nacionais de controle e de seus operadores, os quais pretenderam ou pretendem se estruturar de acordo com os valores ou com a busca de metas que, necessariamente, devem fazer parte do marco de análises, se quisermos entender realmente o que acontece nesse sistema nacional.[249]

De fato, toda tentativa de comparar estratégias de intervenção penal de acordo com um único padrão valorativo está repleto de riscos, e é fácil que a ânsia por obter conclusões uniformes e generalizáveis nos pregue peças, evitáveis apenas com muito trabalho. Mas, por um lado, esta é a servidão metodológica que acarreta toda análise de natureza comparada, que precisa de critérios ordenadores que transcendam a peculiaridade das diversas unidades a interpretar. Em relação a isso, só resta adotar uma atitude especialmente cuidadosa ao obter e avaliar os diferentes componentes de cada sistema.

Por outro lado, é correto que os critérios de comparação não se acomodem à auto-observação das organizações ou de seus agentes individuais, na medida em que não se pretende descrever, mas avaliar esses sistemas; isto obriga a ultrapassar os limites impostos pela auto-observação de seus integrantes. O fato de que esses critérios de referência não sejam os que conscientemente impulsionam suas atuações não é obstáculo para que sejam analiticamente válidos. Por isso, perguntamo-nos quais são as funções, as prestações, dos diferentes sistemas de controle penal, e não quais são seus fins, por mais que

---

[249] Ver Nelken (2010): 7-8, 12-18, 22-24.

o conhecimento destes possa nos fornecer pistas importantes para a identificação daquelas.

Nessas condições, creio que o critério escolhido de inclusão/exclusão social tem, como já mencionamos em páginas anteriores, uma legitimidade teórico-política e científico-social inquestionável. O que, no entanto, não implica negar sua acertada inserção em um determinado programa político-criminal.

c. Uma terceira linha de objeções chama a atenção sobre a *incorreta identificação das variáveis dependentes e independentes* utilizadas neste tipo de estudos. Para compreender esta crítica, é preciso levar em consideração que as investigações de política criminal comparada nem sempre deixam claro em que nível de análise se situam: se no nível em que aspira caracterizar diversos modelos de intervenção penal a partir de um ponto de referência único, e valendo-se de regras e práticas que permitam contrastes comparativos, ou no nível diverso, em que se pretendam descobrir os fatores político-estruturais, socioeconômicos e culturais que favoreçam a consolidação de um determinado modelo de intervenção penal em detrimento dos restantes.[250] Ambas as linhas de investigação estão operando na política criminal comparada, e a confusão de planos entre uma e outra está na origem de boa parte das objeções que passamos a enumerar.

Assim, por um lado, destaca-se que o rigor como variável dependente não pode ficar à mercê da variável independente taxa de encarceramento, não somente pelo fato de que é duvidoso avaliar como rigorosos países que encarceram por pouco tempo, mas com muita frequência, mas também porque pode haver outras variáveis independentes de grande significação, como o volume de delinquência ou as atitudes punitivas sociais.[251]

Por outro lado, e mudando imperceptivelmente de terreno, critica-se que variáveis como a taxa de encarceramento, a idade em que se alcança a maioridade penal, ou a presença e volume de prisões privadas, sejam utilizados como variáveis dependentes – enquanto explicativas do rigor penal – confrontadas com a variável independente constituída por diferentes modelos de estruturação social, a saber, neoliberalismo ou de bem-estar em suas diversas variantes: não é de se estranhar que se produzam inequívocas correlações entre essas variáveis dependentes, que expressam singularmente o nível de exclusão social de uma política criminal, e uma variável independente como

---

[250] Ver diversas menções a esses enfoques acima, nos itens I. c e IV. a. Também em Downes (2007): 108.

[251] Ver Nelken (2010): 61-62, e as críticas já reunidas acima, no item II.

o neoliberalismo, que é um modelo social excludente, com o que nos movemos quase em uma argumentação tautológica sem capacidade para fazer avançar o conhecimento. Pelo contrário, variáveis independentes como as práticas processuais e sua seletividade, ou políticas conjunturais dirigidas a reduzir a população penitenciária, como os indultos, estão em condições de explicar muito mais adequadamente variáveis dependentes rigorosas como a taxa de encarceramento.[252]

Para responder às últimas objeções, devo recordar quais são os objetivos, limitados, mas acredito que relevantes, de minha proposta de análise:

Antes de tudo, minha investigação se move decididamente no primeiro dos dois planos aludidos nos parágrafos precedentes. Além disso, reitero que não escolhi a moderação punitiva como ponto de referência que nos permitirá diferenciar adequadamente entre diversos modelos político-criminais nacionais. Preferi, pelas razões já mencionadas, escolher a inclusão social em seu lugar. Trata-se de verificar o predomínio de efeitos socialmente inclusivos ou excludentes produzidos sobre coletivos especialmente sensíveis, como consequência da atuação dos órgãos de controle penal em diferentes países.

Para tais efeitos, proponho uma lista de regras e práticas punitivas que, devidamente desagregadas, poderiam funcionar como variáveis independentes explicativas de efeitos socialmente inclusivos ou excludentes sobre os coletivos referidos. Ainda, mediante o emprego desse conjunto de variáveis, pretendo construir uma escala de maior a menor inclusão social de forma que um determinado sistema penal nacional possa ser localizado em um determinado lugar dentro dela. Na medida em que quero operar com magnitudes reais, e não teóricas, as regras e práticas fundamentadoras das citadas variáveis deverão estar suficientemente presentes em países do mundo ocidental desenvolvido, e os valores que essas variáveis fornecerem deverão ser suficientemente discriminatórios, a fim de permitir identificar os dois sistemas nacionais que devem se situar nos polos da escala e para localizar o resto do sistemas nacionais em algum ponto intermediário dentro dessa escala.

---

[252] Ver Nelken (2009): 300-304; (2010): 62-66. Concluindo, o autor afirma que, mesmo aceitando que a variável independente neoliberalismo/bem-estar pudesse explicar bem o conjunto de variáveis dependentes rigorosas, o certo é que não explica as taxas de criminalidade, pois países neoliberais ou do modelo de bem-estar têm desenvolvido taxas similares no Ocidente. Em suma, a variável neoliberalismo/bem-estar pode explicar os diversos modos de reagir ao delito, não o volume de delitos. Ver, da mesma forma, o mencionado no item I.b. Sobre os problemas em usar poucas variáveis em relação a muitos países, ou muitas variáveis a respeito de poucos países, ver referências em Hinds (2005): 48.

A partir disso, o propósito imediato que tenho a satisfazer neste trabalho é formular de modo convincente duas hipóteses, uma relativa a uma lista de indicadores, agrupados em nove grupos, que podem configurar-se como as variáveis independentes aludidas, e outra concernente aos dois sistemas nacionais colocados, hoje em dia, nos extremos da dimensão inclusão/exclusão social.

Além disso, em um posterior e iminente trabalho, realizarei uma análise mais detalhada de ambas as hipóteses, com a ideia de aprofundar o conteúdo e a capacidade expressiva de efeitos socialmente inclusivos ou excludentes dos diferentes indicadores selecionados, e com a pretensão de mostrar a frequência de valores encontrados nesses indicadores nos dois modelos nacionais escolhidos como antagônicos.

No entanto, há um número significativo de tarefas que não pretendo abordar no momento:

Sem dúvida, a adequação como variáveis independentes das regras e práticas que foram selecionadas como indicadores deve ser validada empiricamente de forma individualizada, o que não estou em condições de realizar em um futuro próximo. Tampouco é minha pretensão seguir sem solução de continuidade para avaliar, ainda que com o reduzido número de variáveis que possam estar mais comprovadas, a localização dos sistemas penais de diferentes países ocidentais na dimensão inclusão/exclusão social preconizada. Isso não quer dizer que não vá dedicar esforços para impulsionar investigações nessa linha. Buscar-se-á validar uma parte significativa dessas variáveis independentes por meio de um estudo longitudinal da evolução da política criminal na Espanha. E, como demonstrarei mais adiante, seria muito enriquecedor para a política criminal comparada que se proliferassem estudos que, com este marco metodológico ou outros similares, começassem a oferecer resultados confiáveis e comparáveis sobre as diferenças nacionais em política criminal.

Algo que, em todo caso, não será objeto de minha atenção é o estudo dos fatores político-estruturais, socioeconômicos ou culturais que promovem, nos diferentes sistemas penais de controle, a adoção de certas regras ou práticas que geram resultados mais ou menos socialmente inclusivos no sentido apontado nesse trabalho. Isso, certamente, representaria adotar a dimensão inclusão/exclusão social como variável dependente, e tentar identificar quais, dos numerosos fatores existentes da natureza acima indicada, possuem uma capacidade preditiva significativa como variáveis independentes.[253] Considerando os

---

[253] De qualquer modo, quando Nelken (2010): 64-66, como motivo de sua crítica a Cavadino/ Dignan, identifica a variável de práticas processuais e sua seletividade como uma variável in-

sérios problemas metodológicos que este tipo de pesquisa encontra, o menor deles é uma correta caracterização da variável dependente que faz referência direta às variáveis independentes, seja a moderação punitiva, a inclusão social ou qualquer outra, e cuja superação é um dos objetivos deste trabalho, o certo é que já há um número valioso de pesquisas concluídas ou em andamento.[254]

Ainda neste grupo de objeções, que questiona que se esteja procedendo a uma correta identificação das variáveis pertinentes, deve-se aludir ao acelerado incremento de obrigações político-criminais derivadas de convênios ou acordos internacionais. O fenômeno aumenta em determinadas regiões ocidentais como a Europa, onde, especialmente a partir do Conselho da Europa e da União Europeia, surgem contínuos compromissos de modificação de regras ou práticas penais para os Estados. Isso poderia converter, em médio prazo, estas obrigações internacionais em uma variável independente decisiva na hora de explicar os concretos sistemas nacionais de intervenção penal, ao menos em algumas regiões, no marco de uma forte pressão homogeneizadora de modelos político-criminais.[255]

Não se pode negar que esse impulso uniformizador supraestatal é notável, mas não convém exagerar seus efeitos. Inclusive em regiões nas quais confluem influências de organismos internacionais e de um processo de unificação política, como é o caso da União Europeia, os

---

dependente com maior capacidade preditiva que outras variáveis mais ambiciosas centradas em modelos políticos ou em fatores socioestruturais de diferentes países, não está em condições, como ele mesmo aponta, de desqualificar estas últimas. Na verdade, o que faz é substituir esses modelos políticos ou fatores socioestruturais como variáveis independentes, por alguma das regras ou práticas a que eles dão lugar. Isso, sem dúvida, facilita a análise e a torna menos complexa, ao introduzir como variáveis independentes realidades muito mais próximas da variável dependente. Sem questionar esse procedimento, que, sem dúvida, aumenta a qualidade metodológica dos resultados, devo recordar o mencionado acima sobre os riscos que atitudes metodológicas muito estritas geram na hora de dar explicações compreensivas e suficientemente fundamentadas dos fenômenos sociais, algo imprescindível para realizar políticas criminais razoáveis.

[254] Ver, entre outros, Beckett/Western (2001); Tham (2001): 412-422; Balvig (2004): 182 e ss.; Doob (2005): 372-383; Cavadino/Dignan (2006); Downes/Hansen (2006): 143 e ss.; Karstedt (2006); Downes (2007): 98-100, 108-117; Lappi-Seppälä (2006a): 127-136, 155 e ss; (2007): 270-285; (2008), passim; Tonry (2007), p. 16-38;Tamarit Sumalla (2007): 25-27; Roché (2007), p. 495-498, 511-533, 542-545; Snacken (2007): 172 e ss.; Newburn (2007): 460-465; Green (2007): 592-595, 621-636; Webster/Doob (2007),: 323-356; Larrauri Pijoan (2009): 8 e ss, com um valioso resumo da literatura.

[255] Ver Nelken (2010): 71-78, que alude à homogeneização dos sistemas nacionais em temas como o sistema acusatório e a persecução da violência doméstica, entre outros; Lahti (2010): 27-31. Em termos mais genéricos, Rosga/Satterthwaite (2009): 285-287, em seu estudo sobre a avaliação do cumprimento das obrigações internacionais sobre direitos humanos, sociais e econômicos, e sua medição por meio de indicadores, fazem ilustrativas referências, entre outras coisas, às atuações públicas que se dirigem finalmente a satisfazer formalmente os indicadores, mais do que alcançar os objetivos de respeito de direitos que aqueles medem.

sistemas nacionais de intervenção penal seguem registrando notáveis diferenças, que começam no próprio momento de implementação dos compromissos supra-estatais.[256] Além disso, fica difícil atribuir a essas pressões internacionais um mesmo viés político-criminal em todos os casos, pois sua capacidade para reconfigurar os modelos nacionais é limitada.[257]

d. Um quarto e último grupo de objeções tem a ver com a *credibilidade das fontes de informação*. Alega-se, por um lado, o excessivo predomínio outorgado às fontes oficiais, as quais, em geral, tendem a recolher as informações imediatas do sistema de justiça penal a respeito da delinquência convencional, descuidando de aspectos significativos do funcionamento real do conjunto do sistema. Quando, por outro lado, pretende-se neutralizar este aspecto mediante uma implicação mais direta na obtenção de informação por parte do investigador, abrem-se várias possibilidades de difícil escolha:

Pode-se deixar de lado o grosso da informação sobre relatórios escritos de especialistas do país ou países em estudo, com o risco claro de que terminem sendo eles os que vão selecionar os dados relevantes e que, na hora de comparar entre diferentes sistemas penais, careçamos de informação suficiente sobre elementos comuns, suscetíveis de comparação. Cabe optar por uma estadia pessoal no país, ou países, objeto de estudo, o que permite contrastar as fontes de informação anteriores com entrevistas aos especialistas informantes e os operadores do sistema, assim como por meio de um limitado conhecimento direto das diversas instituições penais, sendo que esta forma facilmente tropeça em restrições temporais ou financeiras. Finalmente, pode-se optar por estadias prolongadas no país, integrando-se com ele, e podendo, depois de um tempo, estar em condições de oferecer experiências pessoais sobre o modo de operar do sistema de justiça penal, método que, além de ser inviável para uma pluralidade de países, contém o risco de transformar experiências pessoais em realidades gerais.[258]

Em minha opinião, somente uma coleta de informação que seja capaz de combinar os dados provenientes de fontes oficiais com informações de pessoas conhecedoras do funcionamento do sistema

---

[256] Ver uma menção às diferenças de implementação de instrumentos internacionais em Nelken (2010): 78.

[257] Ver, a respeito da região latino-americana, as matizadas conclusões obtidas em Díez Ripollés/García Pérez. (2008), com uma valoração geral em 547 e ss.

[258] Ver Nelken (2010): 3-4, 6, 16, 91-100. Mais genericamente Hinds (2005): 47-48. Sobre os problemas para alcançar a credibilidade na coleta de dados para indicadores sobre direitos humanos, ver Rosga/Satterthwaite (2009): 267-268, 282-283.

penal do respectivo país, complementado com estadias nos países em estudo, assegura, de um modo factível, as mínimas condições para a credibilidade da comparação. Dentro dessas exigências, e para evitar um mero amontoado de dados desencontrados, deve-se realizar uma seleção rigorosa da informação que seja relevante para os fins da análise, o que supõe seu encaixe em um esquema analítico conceitual suficientemente fundamentado e, se for possível, previamente verificado, além de válido para todos os países em estudo. Todo esse procedimento admite gradações, sendo desejável que existam informações diversas sobre cada um dos elementos a ser comparado nos respectivos países, que permitam contrastar e validar a informação obtida. A adequação do modelo analítico às realidades que se quer comparar e sua capacidade para discriminar entre os diferentes elementos relevantes, bem como para ressaltar as diferenças nacionais, é algo imprescindível.

Essa é a dinâmica que se pretendeu seguir nesse estudo e naquele que se anuncia para mais adiante, por mais que nunca se alcance plenamente o pretendido. Acredito que uma prolixa coleta de informação, que combinou uma varredura da bibliografia existente, contatos diretos com especialistas dos países estudados e estadias de duração média em alguns dos países mais significativos no marco da análise, forneceu bons fundamentos para que soe convincente a comprovação, no segundo estudo, das prestações dos diferentes indicadores, na linha da contraposição dos dois sistemas político-criminais considerados antagônicos no mundo ocidental desenvolvido.

2. A seleção dos indicadores

O segundo conjunto de objeções tem a ver com o *acerto na seleção dos grupos de indicadores* e os indicadores dos quais devem sair as variáveis independentes a serem consideradas.

Convém recordar que nosso empenho se limita a determinar a medida em que diferentes sistemas nacionais de intervenção penal geram efeitos socialmente inclusivos ou excludentes sobre pessoas e coletivos especialmente delimitados do conjunto da população. Essas pessoas, ou coletivos, são quem esteve, está ou são propensos a estar submetidos diretamente ao controle penal na qualidade de condenados ou ex-condenados, processados ou suspeitos de entrar em conflito com a lei penal. Isto é, quem constitui o objetivo prioritário dos órgãos de prevenção e persecução penais.[259]

Por outro lado, os grupos de indicadores e os indicadores escolhidos, majoritariamente se referem a efeitos produzidos pela persecução penal, ainda que também sejam concernentes à prevenção penal. Com um olhar mais atento, podemos comprovar que mais da metade dos indicadores se concentram em aspectos da execução penal, aludindo o resto ao ajuizamento penal e à persecução policial, nessa ordem. Isso nos indica que, sequer limitando nossa atenção a coletivos especialmente sensíveis, pretendemos cobrir todo o espectro de intervenções penais preventivas ou persecutórias.[260] Um critério de seleção importante tem sido que esses indicadores tenham força discriminatória para, simultaneamente, expressar efeitos inclusivos ou excludentes e marcar valores significativamente distintos entre diferentes sistemas penais.

Em qualquer caso, deve ficar claro que a escolha desses indicadores, em vez de outros, foi realizada de acordo com critérios normativos. Com isso, o que quero dizer é que a hipótese sobre os grupos de indicadores e os indicadores pertinentes é baseada em uma preferência do autor, fundada em sua intuição e experiência, assim como em uma atenta análise da bibliografia especializada. Certamente, fica fácil encontrar a maioria dessas variáveis mencionadas nos diferentes estudos sobre política criminal comparada já feitos.[261] No entanto, não costumam estar estruturadas de um modo tão sistemático, provavelmente porque as investigações tendem a lidar com um número mais reduzido de indicadores, e tampouco se ligam necessariamente à determinação de efeitos sociais inclusivos ou excludentes. Naturalmente, esses estudos utilizam, também, outras variáveis aqui não discutidas; já dissemos, acima, porque algumas delas não levamos em consideração.

---

[259] Esta limitação do coletivo sobre o qual serão verificados determinados efeitos sociais derivados da atuação penal é facilmente notada em outros estudos. Ver, por exemplo, uma restrição similar em Cavadino/Dignan (2006): xiii, 339.

[260] Em outros termos, podemos dizer que há uma sobrerrepresentação de indicadores ligados à criminalização terciária, seguidos dos vinculados à criminalização secundária e, logo, da primária. Essa diversa representação das diversas fases criminalizadoras tem relação com sua diferenciada capacidade para incidir na dimensão inclusão/exclusão social, sem dúvida maior, tanto quanto avançamos no processo de criminalização. Isso sem prejuízo de outros argumentos, como os que seguem no texto.

[261] Ver, por exemplo, Young (1998): 75-76, 79; Wacquant (2000): 20-23, 145; Garland (2001): 167-192; Beckett-Sasson (2004): 2-5, 18, 22, 67-68, 130-140,160-187, 201-204; Brown, M. (2005): 284-286; Swaaningen (2005): 2-6, 9-11; Cavadino/Dignan (2006): 14 e ss.; Tamarit Sumalla (2007): 8 e ss; Tonry (2007): 14; Roché (2007): 475, 494; Lappi-Seppälä (2008): 322, 331; Brodeur (2007): 54-60, 81-82; Newburn (2007): 448-449; Pratt (2008); (2008a).

Alegou-se que qualquer lista de indicadores, para ser verdadeiramente significativa, deveria combinar os de natureza quantitativa, expressivos de um enfoque explicativo, com os de natureza qualitativa, refletindo um enfoque mais interpretativo. Do mesmo modo, recordou-se a necessidade de medir os efeitos sociais, tanto do controle social formal, como do informal.[262]

No que se refere à primeira observação, ainda que um primeiro olhar para a lista de indicadores pudesse dar a impressão de que são majoritariamente qualitativos, existem alguns deles que, desde o princípio, deverão ser operados quantitativamente, como os relativos ao uso extensivo das penas de prisão, as penas longas de prisão ou a liberdade condicional, entre outros. E o que é mais importante, os fins comparatistas almejados nos forçarão a operar com os restantes mediante escalas quantitativas que deveremos elaborar, já que somente nessas condições poderemos objetivar as diferenças entre os diversos países. A partir disso, em minha opinião, a distinção entre indicadores qualitativos e quantitativos terminará, em grande medida, mesclando-se.

Quanto à segunda observação, gostaria de ressaltar que a investigação proposta pretende medir os efeitos sociais, excludentes ou inclusivos, que produzem um conjunto de regras e práticas que estão presentes de maneira diferenciada em diversos sistemas nacionais de intervenção penal, isto é, referem-se a prestações derivadas do controle social mais formal, o penal, deixando fora do estudo os controles sociais informais. De todas as maneiras, alguns grupos de indicadores, como os de controle de espaços públicos ou de status social de delinquentes e ex-delinquentes, sem deixar de pertencer ao controle social formal, estão muito condicionados por determinadas representações pessoais obtidas do mundo do controle social informal.

De todo modo, não podemos esquecer que os grupos de indicadores e os indicadores propostos estão pendentes de uma validação empírica de suas capacidades para identificar efeitos socialmente inclusivos ou excludentes do sistema de intervenção penal, assim como para marcar diferenças entre diversos sistemas nacionais de controle penal. Note-se que os esforços dedicados a essa tarefa estão estritamente unidos ao emprego das duas hipóteses formuladas neste trabalho em futuros estudos de política criminal comparada. A submissão desses indicadores à tensão derivada de ter que dar razão aos efeitos

---

[262] Ver Nelken (2005): 220-221; (2010): 36-37, 40-55; Lappi-Seppälä (2007): 286; (2008): 322. Sobre a tendência em deixar em segundo plano indicadores qualitativos de respeito aos direitos humanos, Rosga/Satterthwaite (2009): 282-285, 299.

sociais excludentes e inclusivos de variados sistemas nacionais de intervenção penal mostrará suas eventuais insuficiências, e permitirá uma contínua depuração de seus conteúdos ou, se permanecer, sua substituição por outros indicadores mais adequados.

3. Os modelos político-criminais antagônicos

O terceiro conjunto de objeções se refere aos *dois modelos político--criminais* que decidiu-se tomar hipoteticamente como *antagônicos*, isto é, os Estados Unidos da América por um lado, e os países nórdicos europeus de outro. Esta hipótese, por mais que, como já dissemos, seja bem recebida nos círculos de reflexão político-criminais, deve responder a uma série de alegações metodológicas das quais passo a tratar.

a. A escolha dos dois modelos antagônicos pode estar decisivamente *condicionada por fatores alheios ao real contraste* entre os dois grupos de sistemas nacionais. Não passa despercebida por ninguém a especial visibilidade das regras e práticas penais estadunidenses no mundo ocidental, derivada de seu predomínio político. Por sua parte, os países nórdicos europeus acumulam há décadas um prestígio de sociedades estáveis, exitosas social e economicamente, e igualitárias, que originaram uma imagem ideal delas que tende a transladar--se acriticamente a qualquer uma de suas políticas públicas. Poderia acontecer, consequentemente, que essas conotações gerais dos dois grupos de países escolhidos encobrissem outros modelos nacionais com maior direito a figurar nos extremos do contínuo de inclusão/exclusão social em matéria penal.[263]

A respeito disso, eu gostaria de recordar que o âmbito da investigação proposta se limita às políticas criminais de países ocidentais desenvolvidos. Isso demarca notavelmente o grupo de países sobre os quais se quer construir o esquema analítico baseado na dimensão inclusão/exclusão social, sem prejuízo de posteriores extensões a outras regiões geográficas ou âmbitos socioeconômicos. Dentro deste marco, a importância e influência políticas que possa ter um país é, na realidade, um bom motivo para escolhê-lo, sempre que, naturalmente, seu modelo responda também a essas características extremas; diante dos países com características semelhantes, aquele que tiver maior influência sobre o resto dos países de nosso âmbito, deverá, sem dúvida, ser preferido. Além disso, somente me resta remeter-me ao segundo

---

[263] Ver Nelken (2010): 28-29.

estudo que anunciei, com o que espero mostrar o acerto de minha escolha de ambos os modelos nacionais.

b. Há objeções, igualmente, no sentido de que aos efeitos de *fazer com que as diferenças entre os dois modelos antagônicos sejam significativas*, devem concorrer um bom número de fatores constantes e semelhantes entre ambos os modelos nacionais a serem comparados. Isso exige, em primeiro lugar, um conhecimento muito profundo dos dois sistemas de intervenção penal a serem comparados e, em segundo lugar, prestar especial atenção em não primar pelas diferenças diante das semelhanças.[264]

O fato de os dois modelos a serem comparados pertencerem a um mesmo âmbito político, social e econômico, isto é, o mundo ocidental capitalista e democrático desenvolvido, âmbito no qual também ocorrerá a pesquisa, permite afirmar que estamos diante de sistemas com abundantes características comuns e que, além disso, são bem conhecidos pelos analistas envolvidos. A isso vale acrescentar, especificamente, que ambos os grupos de países compartilharam, durante várias décadas da segunda metade do século XX, um mesmo modelo de intervenção penal, o ressocializador, em um grau de proximidade sem igual em outros países ocidentais, salvo alguns anglo-saxões; de modo interessante, desde meados dos anos 80 do século passado, produziu-se uma divergência progressiva entre eles, o que fornece materiais de relevância prioritária para a análise comparativa.[265]

c. Certamente, não podemos ignorar que *nenhum dos modelos nacionais contrapostos*, que na realidade estão constituídos, no que se refere aos Estados Unidos, pelo sistema federal e os sistemas dos diversos estados e, no relativo aos países nórdicos, pelos sistemas da Dinamarca, Finlândia, Noruega e Suécia, *é uniforme*. São conhecidas as notáveis diferenças que existem nas políticas criminais dos diversos estados dos Estados Unidos da América, que inclusive em algumas ocasiões puderam ser agrupados por regiões geográficas.[266] Ao mesmo tempo, diversos estudos destacaram as diferenças entre os países nórdicos que, no campo que nos cabe, refletem-se em maiores características inclusivas dos sistemas penais da Noruega e da Finlândia frente aos

---

[264] Ver Nelken (2010): 31-39. Agradeço, igualmente, as observações formuladas em conversa privada com Rosemary Barberet, John Jay College of Criminal Justice, City University of New York.

[265] Sobre como se produziu o abandono do modelo ressocializador nos países nórdicos, ver Lappi-Seppälä (2007), 230-233, 244-248, 250-253, 255-256.

[266] Ver Hinds (2005): 49, 51-58; Zimring (2005): 48-50.

da Dinamarca e da Suécia, ou em atitudes quanto à delinquência não muito coincidentes entre a Suécia e a Dinamarca.[267]

Seria ingênuo negar as disparidades que acabamos de mencionar. No entanto, um observador externo não tem grandes dificuldades para constatar a notável semelhança entre as políticas criminais dos diferentes estados dos Estados Unidos ou entre as dos países nórdicos, que mostram vinculações mais estreitas entre elas do que poderiam ocorrer com outros sistemas nacionais. Do mesmo modo, o contraste marcante entre ambos os grupos de sistemas penais é dificilmente questionável a partir de certo aprofundamento de suas respectivas características. Além disso, meu propósito é realizar, de acordo com minha hipótese de partida, uma caracterização geral dos dois grupos de sistemas de intervenção penal mencionados, mediante prestações de seus sistemas penais de acordo com o critério de referência tantas vezes aludido. Em nenhum momento pretendo executar uma descrição minuciosa dos diferentes modelos comparados, e menos ainda dos concretos sistemas penais integrados em um e outro.

d. No entanto, ao trabalhar sobre *modelos reais*, não teóricos, este *marco analítico é suscetível de revisão* em qualquer momento. Bastará que ocorram mudanças em algum dos modelos antagônicos, que possam afetar significativamente a dimensão estudada, para que nos vejamos obrigados, no pior dos casos, a substituir esse modelo sujeito à comparação.

De todo modo, não devemos esperar, em um futuro próximo, uma mudança substancial nos modelos político-criminais escolhidos, que nos obrigue a revisar a localização deles em ambos extremos da escala de inclusão/exclusão social. Sem dúvida, uma alternativa para fazer frente a essa contingência seria operar com modelos teóricos. Creio, contudo, que essa opção não compensa: a maior solidez e facilidade de construção dos modelos antagônicos teóricos que seriam obtidos ficam obscurecidas pela perda da força discursiva que outorga o tratamento com modelos reais. Parece mais razoável, caso alcançado o improvável de que seja insustentável manter um dos dois modelos reais antagônicos, manter tal modelo em seu lugar com a configuração que possuía antes de sua transformação. Sempre estaremos diante de um modelo que foi real até pouco tempo atrás.

Outro fenômeno que não pode ser descartado é o de uma *aproximação gradual entre os dois modelos antagônicos*, que comprometa a capacidade explicativa do método baseado em uma dimensão contínua entre dois modelos opostos. Na realidade, isso pode já estar aconte-

---

[267] Ver Bondeson (2005): 191, 195-197; (2007): 45, 65, 73, 262-264; Lappi-Seppälä (2006a).

cendo em alguma medida.[268] Cada vez são mais frequentes anúncios de reformas penais em diversos estados dos Estados Unidos, motivados especialmente por razões financeiras, que podem ter uma notável influência na configuração dos sistemas de intervenção penal ao incidir sobre setores sensíveis, como o emprego da proporcionalidade nas penas ou a discrição judicial, as penas alternativas à prisão, a execução de penas ou a política de drogas.[269] Da mesma forma, é perceptível um limitado crescimento da tendência securitária nos países nórdicos, o que, sem colocar em risco o estado de bem-estar, questiona a persistência de uma política criminal tão marcada pelo modelo de bem-estar.[270]

As linhas de aproximação entre os diversos modelos parecem discorrer por meio da progressiva aceitação de um direito penal bifurcado: por um lado, rigidez com os delitos violentos e sexuais, e especial intolerância frente aos delitos com vítimas especialmente vulneráveis; por outro lado, certa fragilidade quanto aos delitos patrimoniais não violentos, assim como fomento de penas alternativas para a criminalidade não violenta.[271]

Contudo, sem que devamos em momento algum perder de vista as transformações que possam ir ocorrendo, as mudanças anunciadas, ou em desenvolvimento, têm diante de si um futuro incerto e, em todo caso, falta um longo caminho a ser percorrido antes que a nítida distinção, que hoje se produz entre ambos os modelos opostos, seja riscada de uma vez por todas.

---

[268] Compartilham dessa impressão Cavadino/Dignan (2006): 59-60.

[269] Ver Steen/Bandy (2007): 5-14, 22-24.

[270] Ver Tham (2001): 410-412; Lappi-Seppälä (2002): 424-425; (2006): 192-194; (2007): 249-250, 253-255, 258-262, 285-289; Hofer/Marvin (2001): 638, 642, 644; Hofer (2003): 29-30; (2004): 161-162; Balvig (2004); Kyvsgaard (2004): 349-351, 357, 365, 384-387; Bondeson (2005); Pratt (2008a): 277-282.

[271] Ver Hofer/Marvin (2001): 648; Tham (2001): 410; Kyvsgaard (2004): 351, 378-380, 387; Cavadino/Dignan (2006): 105, 134-135, 143-144, 165; Lappi-Seppälä (2007): 248-249, 253, 286-287; Roché (2007): 476-477, 500, 505-511, 524-525; Snacken (2007): 165-172; Bondeson (2007): 59-67; Pratt (2008a): 275. Wacquant (2005): 11-15 questiona a existência desse fenômeno nos EUA.

Impressão:
Evangraf
Rua Waldomiro Schapke, 77 - POA/RS
Fone: (51) 3336.2466 - (51) 3336.0422
E-mail: evangraf.adm@terra.com.br